LE

LIVRE DU PEUPLE,

PAR

F. Lamennais.

PARIS,

PAGNERRE, EDITEUR,

RUE DE SEINE, 14 bis.

——

1838

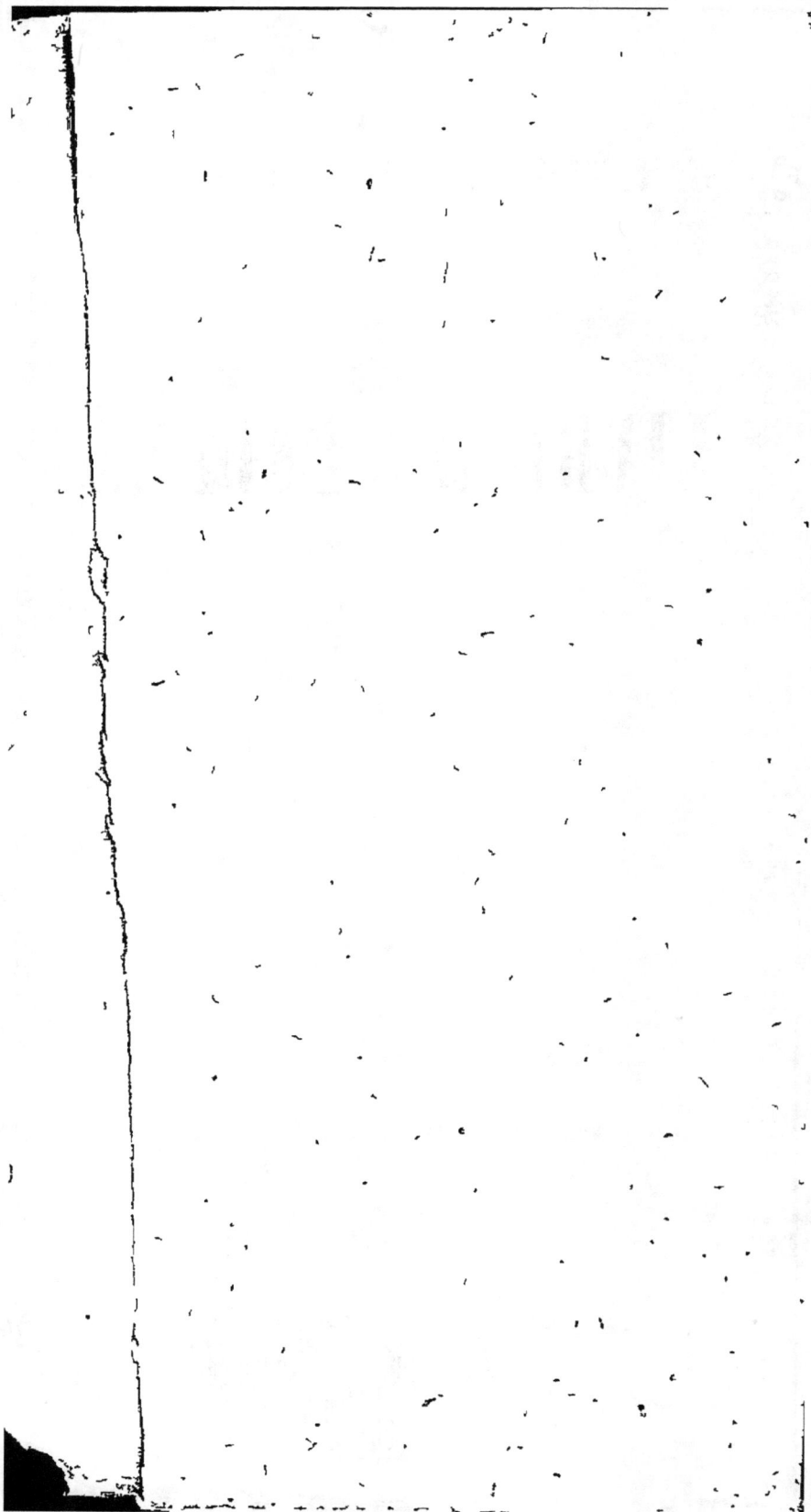

LE LIVRE

DU PEUPLE.

IMPRIMERIE DE Mme Ve POUSSIN,

RUE MIGNON, N. 2.

LE LIVRE

DU PEUPLE

PAR F. LAMENNAIS.

PARIS

PAGNERRE, ÉDITEUR,

RUE DE SEINE, 14 BIS.

1838

En passant sur cette terre,
comme nous y passons tous, pauvres voyageurs d'un jour, j'ai en-
tendu de grands gémissements ;
j'ai ouvert les yeux, et mes yeux
ont vu des souffrances inouïes,
des douleurs sans nombre. Pâle,
malade, défaillante, couverte de

vêtements de deuil parsemés de
tâches de sang, l'humanité s'est
levée devant moi, et je me suis
demandé : Est-ce donc là l'homme? est-ce là lui tel que Dieu l'a
fait? Et mon âme s'est émue profondément, et ce doute l'a rem-
plie d'angoisse.

Mais bientôt j'ai compris que
ces souffrances et ces douleurs ne
viennent pas de Dieu, de qui tout
bien émane et de qui rien n'émane
que le bien ; qu'elles sont l'œuvre
de l'homme même, enseveli dans
son ignorance et corrompu dans
ses passions; et j'ai espéré, et j'ai
eu foi dans l'avenir de la race hu-

maine. Ses destinées changeront lorsqu'elle voudra qu'elles changent, et elle le voudra sitôt qu'au sentiment de son mal se joindra la claire connoissance du remède qui le peut guérir.

Regarde, ô peuple, s'il n'est pas temps de justifier l'Auteur des êtres, en te créant un sort plus conforme à sa justice, à sa bonté.

Tu dis : J'ai froid ; et, pour réchauffer tes membres amaigris, on les étreint de triples liens de fer.

Tu dis : J'ai faim ; et on te répond : Mange les miettes balayées de nos salles de festin.

Tu dis : J'ai soif; et l'on te répond : Bois tes larmes.

Tu succombes sous le labeur, et tes maîtres s'en réjouissent ; ils appellent tes fatigues et ton épuisement le frein nécessaire du travail.

Tu te plains de ne pouvoir cultiver ton esprit, développer ton intelligence; et tes dominateurs disent : C'est bien! il faut que le peuple soit abruti pour être gou₊ vernable.

Dieu adressa dans l'origine ce

commandement à tous les hommes : Croissez et multipliez, et remplissez la terre, et subjuguez-la; et l'on te dit à toi : Renonce à la famille, aux chastes douceurs du mariage, aux pures joies de la paternité; abstiens-toi, vis seul. Que pourrois-tu multiplier que tes misères?

Il est donc certain, l'humanité n'est pas ce que Dieu a voulu qu'elle fût; elle a dévié de ses voies. Comment y rentrera-t-elle?

Écoutez.

Il y eut une Loi dès le com-

mencement : cette Loi fut oubliée, violée.

De nouveau, après quarante
siècles, le Christ la promulgua
plus parfaite, plus sainte.

Et on l'a violée, oubliée encore.

Maintenant elle gît là sous les
ruines des devoirs et des droits;
et c'est pourquoi, courbés et tris-
tes, vous errez au hasard dans la
nuit.

En cette divine Loi, en elle
seule est votre salut, la semence
féconde des biens que le Créateur
vous a destinés.

Écartez les décombres amon-
celés sur elle, et cette espérance

consolante, cette parole prophé-
tique des anciens jours s'accomplira pleinement en vous :

LE PEUPLE QUI LANGUISSOIT
DANS LES TÉNÈBRES A VU UNE
GRANDE LUMIÈRE ; ET LA LUMIÈRE
S'EST LEVÉE SUR CEUX QUI ÉTOIENT
ASSIS DANS LA RÉGION DE L'OMBRE
DE LA MORT.

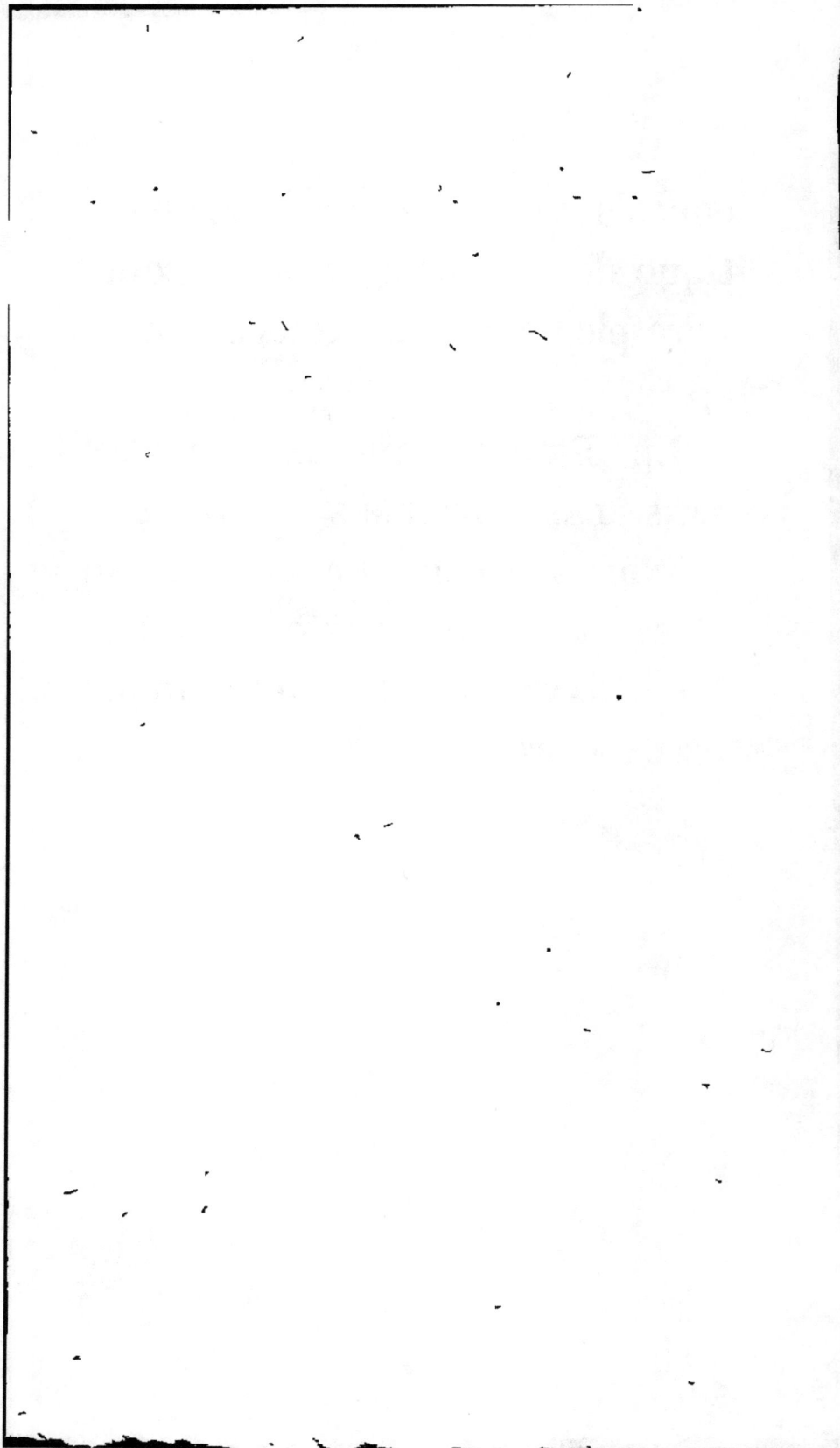

LE LIVRE

DU PEUPLE.

I.

Toutes choses ne sont pas en ce monde comme elles devroient être. Il y a trop de maux et des maux trop grands. Ce n'est pas là ce que Dieu a voulu.

Les hommes, nés d'un même père, auroient dû ne former qu'une seule grande famille, unie par le doux lien d'un amour fraternel. Elle eût ressemblé, dans sa croissance, à un arbre dont la tige produit en s'élevant des branches nombreuses, d'où sortent des rameaux, et de ceux-ci d'autres encore, nourris de la même sève, animés de la même vie.

Dans une famille tous ont en vue l'avantage de tous, parce que tous s'aiment et que tous ont part au bien commun. Il n'est pas un de ses membres qui n'y contribue d'une manière diverse selon sa force, son intelligence, ses aptitudes particulières : l'un fait ceci, l'autre cela; mais l'action de chacun profite à tous, et l'action de tous profite à chacun. Qu'on ait peu ou beaucoup, on partage en frères; nulles distinctions autour du foyer domestique. On n'y voit point ici la faim, à côté l'abon-

dance. La coupe que Dieu remplit de
ses dons passe de main en main , et le
vieillard et le petit enfant , celui qui
ne peut plus ou ne peut pas encore sup-
porter la fatigue, et celui qui revient
des champs le front baigné de sueur,
y trempent également leurs lèvres.
Leurs joies , leurs souffrances sont
communes. Si l'un est infirme, s'il
tombe malade, s'il devient avec l'âge
incapable de travail , les autres le
nourrissent et le soignent; de sorte
qu'en aucun temps il n'est aban-
donné.

Point de rivalités possibles quand
on n'a qu'un même intérêt; point de
dissensions dès-lors. Ce qui enfante
les dissensions, la haine, l'envie, c'est
le désir insatiable de posséder plus et

2

toujours plus, lorsque l'on possède
pour soi seul. La Providence maudit
ces possessions solitaires. Elles irri-
tent sans cesse la convoitise et ne la
satisfont jamais. On ne jouit que des
biens partagés.

Père, mère, enfants, frères, sœurs,
quoi de plus saint, de plus doux que
ces noms? et pourquoi y en a-t-il d'autres sur la terre?

Si ces liens s'étoient conservés tels
qu'ils furent originairement, la plupart des maux qui affligent la race
humaine lui seroient restés inconnus,
et la sympathie eût allégé les maux
inévitables. Les seules larmes dont
l'amertume soit sans mélange sont
celles qui ne tombent dans le sein de
personne et que personne n'essuie.

D'où vient que notre destinée est si pesante et notre vie si pleine de misères ? Ne nous en prenons qu'à nous-mêmes : nous avons méconnu les lois de la nature, nous nous sommes détournés de ses voies. Celui qui se sépare des siens pour gravir sans aide entre des rochers ne doit pas se plaindre que le voyage soit rude.

« Regardez les oiseaux du ciel : ils ne sèment ni ne moissonnent, ni ne rassemblent en des greniers, et le Père céleste les nourrit. N'êtes-vous pas d'un plus grand prix qu'eux ? »

Il y a place pour tous sur la terre, et Dieu l'a rendue assez féconde pour fournir abondamment aux besoins de tous. Si plusieurs manquent du né-

cessaire, c'est donc que l'homme a
troublé l'ordre établi de Dieu, c'est
qu'il a rompu l'unité de la famille
primitive, c'est que les membres de
cette famille sont devenus premièrement étrangers les uns aux autres,
puis ennemis les uns des autres.

Il s'est formé des multitudes de so-
ciétés particulières, de peuplades, de
tribus, de nations qui, au lieu de se
tendre la main, de s'aider mutuellement, n'ont songé qu'à se nuire.

Les passions mauvaises et l'é-
goïsme d'où elles naissent toutes, ont
armé les frères contre les frères:
chacun a cherché son bien aux dépens d'autrui; la rapine a banni la
sécurité du monde, la guerre l'a dé-
vasté. On s'est disputé avec fureur

les lambeaux sanglants de l'héritage
commun. Or, quand la force destinée
au travail qui produit est presque
tout entière employée à détruire ;
quand l'incendie, le pillage, le meurtre marquent sur le sol le passage
de l'homme ; que la conquête inter-
vertit les rapports naturels entre
chaque population et l'étendue du
territoire qu'elle occupe et peut cultiver ; que des obstacles sans nombre
interrompent ou entravent les com-
munications d'un pays à l'autre et le
libre échange de leurs productions :
comment des désordres aussi profonds n'entraîneroient-ils pas des
souffrances également profondes?

Les nations ainsi divisées entre
elles, chaque nation s'est encore di-

visée en elle-même. Quelques-uns
sont venus qui ont proféré cette parole impie : A nous de commander et
de gouverner ; les autres ne doivent
qu'obéir.

Ils ont fait les lois pour leur avantage, et les ont maintenues par la
force. D'un côté le pouvoir, les richesses, les jouissances ; de l'autre
toutes les charges de la société.

En certains temps et certains pays
l'homme est devenu propriété de
l'homme ; on a trafiqué de lui, on l'a
vendu, acheté comme une bête de
somme.

En d'autres pays et d'autres temps,
sans lui ôter sa liberté, on a fait en
sorte que le fruit de son travail revînt

presque en entier à ceux qui le te-
noient sous leur dépendance. Mieux
eût valu pour lui un complet esclavage; car le maître au moins nourrit,
loge, vêt son esclave, le soigne dans
ses maladies à cause de l'intérêt qu'il
a de le conserver; mais celui qui
n'appartient à personne, on s'en sert
pendant qu'il y a quelque profit à en
tirer, puis on le laisse là. A quoi est-il
bon lorsque l'âge et le labeur ont usé
ses forces? à mourir de faim et de
froid au coin de la rue. Encore son
aspect choqueroit-il ceux qui ont
toutes les joies de la vie. Peut-être
leur diroit-il quand ils passent : Un
morceau de pain pour l'amour de
Dieu! Cela seroit importun à en-
tendre. On le ramasse donc et on le
jette dans un de ces lieux immondes,

de ces *dépôts de mendicité*, comme on les appelle, qui sont comme l'entrée de la voirie.

Partout l'amour excessif de soi a étouffé l'amour des autres. Des frères ont dit à leurs frères : Nous ne sommes pas de même race que vous; notre sang est plus pur : nous ne voulons pas le mêler avec le vôtre. Vous et vos enfants, vous êtes à jamais destinés à nous servir.

Ailleurs on a établi des distinctions fondées, non sur la naissance, mais sur l'argent.

— Que possédez-vous? — Tant. — Asseyez-vous au banquet social : la table est dressée pour vous. Toi qui n'as rien, retire-toi. Est-ce qu'il y a une patrie pour le pauvre?

Ainsi la fortune a marqué les rangs, déterminé les classes; on a eu des droits de toute sorte parce qu'on étoit riche, le privilége exclusif de prendre part à l'administration des affaires de tous, c'est-à-dire de faire ses propres affaires aux dépens de tous ou de presque tous,

Les *prolétaires*, ainsi qu'on les nomme avec un superbe dédain, affranchis individuellement, ont été en masse la propriété de ceux qui règlent les relations entre les membres de la société, le mouvement de l'industrie, les conditions du travail, son prix et la répartition de ses fruits. Ce qu'il leur a plu d'ordonner, on l'a nommé *loi*, et les lois n'ont été pour la plupart que des mesures d'intérêt privé, des moyens d'augmenter et de perpétuer la domination et les abus de la domination du petit nombre sur le plus grand.

Tel est devenu le monde lorsque le lien de la fraternité a été brisé. Le repos, l'opulence, tous les avantages pour les uns ; pour les autres la fatigue, la misère, et une fosse au bout.

Ceux-là forment, sous différents noms, les classes supérieures, les classes élevées ; de ceux-ci se compose le peuple.

II

Vous êtes peuple : sachez d'abord ce que c'est que le peuple.

Il y a des hommes qui sous le poids du jour, sans cesse exposés au soleil, à la pluie, au vent, à toutes les intempéries des saisons, labourent la terre, déposent dans son sein, avec la semence qui fructifiera, une portion de leur force et de leur vie, et en obtiennent ainsi, à la sueur de leur front, la nourriture nécessaire à tous.

Ces hommes-là sont des hommes du peuple.

D'autres exploitent les forêts, les carrières, les mines, descendent à d'immenses profondeurs dans les entrailles du sol afin d'en extraire le sel, la houille, le minerai, tous les matériaux indispensables aux métiers, aux arts. Ceux-ci, comme les premiers, vieillissent dans un dur labeur pour procurer à tous les choses dont tous ont besoin.

Ce sont encore des hommes du peuple.

D'autres fondent les métaux, les façonnent, leur donnent les formes

qui les rendent propres à mille usages
variés ; d'autres travaillent le bois ;
d'autres tissent la laine, le lin, la
soie, fabriquent les étoffes diverses ;
d'autres pourvoient de la même manière, aux différentes nécessités qui
dérivent ou de la nature directement,
ou de l'état social.

Ce sont encore des hommes du
peuple.

Plusieurs, au milieu de périls
continuels, parcourent les mers pour
transporter d'une contrée à l'autre ce
qui est propre à chacune d'elles, ou
luttent contre les flots et les tempêtes,
sous les feux des tropiques comme
au milieu des glaces polaires, soit
pour augmenter par la pêche la masse
commune des subsistances, soit pour

arracher à l'océan une multitude de productions utiles à la vie humaine.

Ce sont encore des hommes du peuple.

Et qui prend les armes pour la patrie, qui la défend, qui donne pour elle ses plus belles années, et ses veilles et son sang? qui se dévoue et meurt pour la sécurité des autres, pour leur assurer les tranquilles jouissances du foyer domestique, si ce n'est les enfants du peuple?

Quelques-uns d'eux aussi, à travers mille obstacles, poussés, soutenus par leur génie, développent et perfectionnent les arts, les lettres, les sciences, qui adoucissent les mœurs, civilisent les nations, les environnent de cette splendeur éclatante qu'on appelle la gloire, forment enfin une des sources, et la plus féconde, de la prospérité publique.

Ainsi en chaque pays tous ceux qui fatiguent et qui peinent pour produire et répandre les productions, tous ceux dont l'action tourne au profit de la communauté entière, les classes les plus utiles à son bien-être, les plus indispensables à sa conservation, voilà le peuple. Otez un petit nombre de privilégiés ensevelis dans la pure jouissance, le peuple c'est le genre humain.

Sans le peuple nulle prospérité, nul développement, nul vie; car point de vie sans travail, et le travail est partout la destinée du peuple,

Qu'il disparût soudain, que deviendroit la société? Elle disparoîtroit avec lui. Il ne resteroit que quelques rares individus dispersés sur le sol, qu'alors il leur faudroit bien cultiver de leurs mains. Pour vivre ils seroient immédiatement obligés de se faire peuple.

Or dans cette société, presque uniquement composée du peuple et qui ne subsiste que par le peuple, quelle est la condition du peuple? que fait-elle pour lui?

Elle le condamne à lutter sans cesse contre des multitudes d'obstacles de tout genre qu'elle oppose à l'amélioration de son sort, au soulagement de ses maux; elle lui laisse à peine une petite portion du fruit de ses tra-

vaux; elle le traite comme le laboureur traite son cheval et son bœuf, et
souvent moins bien; elle lui crée,
sous des noms divers, une servitude
sans terme et une misère sans espérance.

III

Si l'on comptoit toutes les souffrances que, depuis des siècles et des
siècles, le peuple a endurées sur la
surface du globe, non par une suite
des lois de la nature, mais des vices
de la société, le nombre en égaleroit
celui des brins d'herbe qui couvrent
la terre, humectée de ses pleurs.

En sera-t-il donc toujours ainsi?

Cette multitude est-elle destinée à parcourir perpétuellement le cercle des mêmes douleurs? N'a-t-elle rien à attendre de l'avenir? Sur tous les points de la route tracée pour elle à travers le temps, ne sortira-t-il jamais de ses entrailles qu'un lamentable cri de détresse? Y a-t-il en elle ou hors d'elle quelque nécessité fatale qui doive jusqu'à la fin lui interdire un état meilleur? Le Père céleste l'a-t-il condamnée à souffrir également toujours?

Ne le pensez pas; ce seroit blasphémer en vous-même.

Les voies de Dieu sont des voies d'amour. Ce qui vient de lui ce ne sont pas les maux qui affligent ses pauvres créatures, mais les biens

qu'il répand autour d'elles avec pro-
fusion.

Le vent doux et tiède qui les ra-
nime au printemps est son souffle, et
la rosée qui les rafraîchit durant les
feux de l'été est sa moite haleine.

Quelques-uns disent : Vous êtes en
naissant destinés au supplice; ici-bas
votre vie n'est que cela et ne doit être
que cela. Mais le supplice, ce sont
eux qui le font, et, parce qu'ils ont
fondé leur bien à eux sur le mal des
autres, ils voudroient persuader à
ceux-ci que leur misère est irrémé-
diable, et qu'essayer seulement d'en
sortir seroit une tentative aussi cri-
minelle qu'insensée.

N'écoutez pas cette parole men-

teuse. La félicité parfaite, à laquelle
tout être humain aspire, n'est pas, il
est vrai, de ce monde : vous y passez
pour atteindre un but, pour remplir
des devoirs, pour accomplir une
œuvre; le repos est au-delà, et c'est
maintenant le temps du travail : ce
travail néanmoins, selon le dessein
de celui qui l'impose, n'est point un
châtiment continuel à subir, mais,
autant que le permet l'effort qu'il né-
cessite, un bien réel quoique mé-
langé, un commencement de la joie
qui, dans sa plénitude, en est le
terme.

Nous ressemblons au laboureur: il
sème à l'entrée de l'hiver et ne re-
cueille qu'en automne. Toutefois sa
fatigue est-elle sans douceur, et le

contentement ne germe-t-il pas avec l'espérance dans ses sillons?

La misère, qu'on vous dit être ir-rémédiable, vous avez au contraire à y remédier ; et puisque l'obstacle n'est pas dans la nature, mais dans les hommes, vous le pourrez sitôt que vous le voudrez ; car ceux dont l'in-térêt, tel qu'il le comprennent faus-sement, seroit de vous en empêcher, que sont-ils près de vous? quelle est leur force? Vous êtes cent contre chacun d'eux.

Si jusqu'ici vous n'avez recueilli que si peu de fruit de vos efforts, comment s'en étonner? Vous aviez en main ce qui renverse, vous n'aviez pas dans le cœur ce qui fonde ; la justice vous a manqué quelquefois, la charité toujours.

Vous aviez a défendre votre droit : vous avez, ou l'on a souvent attaqué en votre nom le droit d'autrui ; vous aviez à établir la fraternité sur la terre, le règne de Dieu et le règne de l'amour : au lieu de cela, chacun n'a pensé qu'à soi, chacun n'a eu en vue que son intérêt propre ; la haine et l'envie vous ont animés. Sondez votre âme, et presque tous vous y trouverez cette pensée secrète : Je travaille, et je souffre ; celui-là est oisif, et regorge de jouissances : pourquoi lui plutôt que moi ? Et le désir que vous nourrissez seroit d'être à sa place, pour vivre comme lui et agir comme lui.

Or ce ne scroit pas là détruire le mal, mais le perpétuer. Le mal est dans l'injustice, et non en ce que ce soit celui-ci plutôt que celui-là qui profite de l'injustice.

Voulez-vous réussir? faites ce qui est bon par de bons moyens. Ne confondez pas la force que dirigent la justice et la charité avec la violence brutale et féroce.

Voulez-vous réussir? pensez à vos frères autant qu'à vous; que leur cause soit votre cause, leur bien votre bien, leur mal votre mal; ne vous voyez vous-mêmes et ne vous sentez qu'en eux; que votre insouciance se transforme en sympathie profonde et votre égoïsme en dévouement. Alors vous ne serez plus des individus dispersés dont quelques-uns mieux unis font tout ce qu'ils veulent : vous serez un, et quand vous serez un vous serez tout ; et qui désormais s'interposera entre vous et le but que vous voulez atteindre? Isolés à présent parce que chacun ne s'occupe que de soi, de ses fins personnelles, on vous oppose les uns aux autres, on vous maîtrise les uns par les autres : quand vous n'aurez qu'un intérêt, une volonté, une action commune, où est la force qui vous vaincra ?

Mais comprenez bien quelle tâche est la vôtre, sans quoi vous échoueriez toujours.

Ce n'est point de vous faire individuellement un sort meilleur; car la masse resteroit également souffrante

et rien ne seroit changé dans le
monde : le bien et le mal y subsiste-
roient en même proportion ; ils y seroient seulement, quant aux personnes, distribués différemment : l'un
monteroit, l'autre descendroit, et ce
seroit tout.

Ce n'est point de substituer une
domination à une autre domination.
Qu'importe qui domine? Toute domination implique des classes dis-
tinctes, par conséquent des priviléges, par conséquent un assemblage
d'intérêts qui se combattent, et, en
vertu des lois faites par les classes
élevées pour s'assurer les avantages de
leur position supérieure, le sacrifice
de tous ou de presque tous à quelques-
uns. Le peuple est comme l'engrais

de la terre où elles prennent racine.

Votre tâche la voici , elle est grande : vous avez à former la famille universelle, à construire la Cité de Dieu, à réaliser progressivement, par un travail ininterrompu , son œuvre dans l'humanité.

Lorsque, vous aimant les uns les autres comme des frères , vous vous traiterez mutuellement en frères ; que chacun, cherchant son bien dans le bien de tous, unira sa vie à la vie de tous, ses intérêts à l'intérêt de tous, prêt sans cesse à se dévouer pour tous les membres de la commune famille, également prêts eux-mêmes à se dévouer pour lui, la plupart des maux sous le poids desquels gémit la race humaine disparoîtront, comme les vapeurs qui chargent l'horizon se dissipent au lever du soleil; et ce que Dieu veut s'accomplira, car sa volonté est que, l'amour unissant peu à peu, d'une manière toujours plus intime, les éléments épars de l'humanité, et les organisant en un seul corps, elle soit une comme lui-même est un.

IV

_ A présent vous savez quel est le but auquel vous devez tendre. La nature vous dirige vers lui, vous presse incessamment de l'atteindre en vous inspirant le désir invincible d'être délivrés des maux qui de toutes parts vous assiégent, le désir d'un état meilleur, et qui ne peut être meilleur pour vous qu'il ne le soit aussi pour vos frères. Ainsi, en travaillant pour eux vous travaillerez pour vous, et vous ne pouvez travailler avec fruit pour vous qu'en travaillant pour eux avec un amour que rien ne lasse.

Ce n'est pas tout cependant de connoître le but que vous a marqué le Créateur, il est nécessaire de savoir encore par quels moyens vous y parviendrez ; sans quoi vos efforts seroient stériles. Pauvres voyageurs fatigués, vous aspirez au gîte du soir : apprenez-en la route.

Je vous dirai toute la vérité, parce que c'est elle qui sauve. Il y en a qui croient bon de la voiler : ce sont ou des imposteurs, ou des timides que Dieu effraie ; car la vérité c'est Dieu même, et la voiler c'est voiler Dieu.

La sagesse qui préside à la vie humaine et l'empêche d'errer au hasard consiste dans la connoissance et dans la pratique des vraies lois de l'humanité; et l'ensemble de ces lois, dont se compose l'ordre moral, est ce qu'on appelle *droit* et *devoir*.

Plusieurs ne vous parlent que de vos devoirs, d'autres ne vous parlent que de vos droits : c'est séparer dangereusement ce qui de fait est insé-. parable. Il faut que vous connoissiez et vos devoirs et vos droits, pour défendre ceux-ci, pour accomplir ceux-là ; jamais vous ne sortirez autrement de votre misère.

Le droit et le devoir sont comme deux palmiers, qui ne portent point de fruit s'ils ne croissent à côté l'un de l'autre.

Votre droit c'est vous, votre vie, votre liberté.

Est-ce que chacun n'a pas le droit de vivre, le droit de conserver ce qu'il tient de Dieu?

Est-ce que chacun n'a pas le droit d'exercer sans obstacle et de développer ses facultés tant spirituelles que corporelles, afin de pourvoir à ses besoins, d'améliorer sa condition, de s'éloigner toujours plus de la brute et de s'approcher toujours plus de Dieu?

Est-ce qu'on peut justement retenir un pauvre être humain dans son igno-

rance et dans sa misère, dans son dénuement et son abaissement, lorsque
ses efforts pour en sortir ne nuisent à
personne, ou ne nuisent qu'à ceux
qui fondent leur bien-être sur l'iniquité en le fondant sur le mal des
autres?

La colère de ces hommes mauvais
lorsque le faible secoue les chaînes
qui l'étreignent, nest-ce pas la colère
de la bête féroce contre sa victime
qui se débat? et leurs plaintes, ne
sont-ce pas les plaintes du vautour à
qui sa proie échappe?

Or, ce qui est vrai de chacun est
vrai de tous : tous doivent vivre, tous
doivent jouir d'une légitime liberté
d'action, pour accomplir leur fin en
se développant et se perfectionnant

4

sans cesse. On doit donc mutuellement respecter le droit les uns des
autres, et c'est là le commencement
du devoir, là justice.

Mais la justice ne suffiroit pas aux
besoins de l'humanité. Chacun sous
son empire jouiroit à la vérité pleinement de son droit, mais resteroit
isolé dans le monde, privé des secours et de l'aide pérpétuellement
nécessaires à tous. Un homme man-
queroit-il de pain, on diroit : Qu'il
en cherche; est-ce que je l'en empêche? Je ne lui ai point enlevé ce
qui étoit à lui. Chacun chez soi et
chacun pour soi. On répéteroit le
mot de Caïn : « Suis-je chargé de
mon frère? » La veuve, l'orphelin, le
malade, le foible seroient abandon-

nés. Nul appui réciproque, nul bon
office désintéressé; partout l'égoïsme
et l'indifférence; plus de liens véritables, plus de souffrances ni de joies
partagées, plus de respiration commune. La vie, retirée au fond de
chaque cœur, s'y consumeroit solitaire comme une lampe dans un
tombeau, n'éclairant que les débris
de l'homme; car un homme sans entrailles, dénué de compassion, de
sympathies, d'amour, qu'est-ce autre
chose qu'un cadavre qui se meut?

Et puisque nous avons besoin les
uns des autres, de nous appuyer les
uns sur les autres comme les frêles
tiges des herbes des champs que le
moindre souffle agite et courbe,
puisque le genre humain périroit

sans une mutuelle communication
des biens que chacun possède individuellement en vertu de la loi de
justice, une autre loi est nécessaire
à sa conservation, et cette loi est la
charité, et la charité, qui forme un
seul corps vivant des membres épars
de l'humanité, est la consommation
du devoir, dont la justice est le premier fondement.

Que seroit un homme privé de
toute liberté sur la terre, qui ne
pourroit ni aller, ni venir, ni agir
qu'autant qu'un autre le lui com-
manderoit ou le lui permettroit? que
seroit-ce qu'un peuple entier réduit
à cette condition? Les bêtes sauvages
vivent plus heureuses et moins dé-
gradées au sein des forêts.

Mais aussi que seroit un homme concentré uniquement en lui-même par l'égoïsme, ne nuisant à personne directement et ne servant non plus personne, ne songeant qu'à soi, ne vivant que pour soi? Que seroit un peuple composé d'individus sans liens, où nul ne compâtiroit aux maux d'autrui, ne se tiendroit obligé d'aider ses frères et de les secourir; où tout échange de services, tout acte de miséricorde et de pitié ne seroit qu'un calcul d'intérêt; où la plainte de celui qui souffre, les gémissements de la douleur, le sanglot de la détresse, le cri de la faim; s'exhaleroient dans les airs comme un vain bruit; où rien ne se répandroit de chacun en tous et de tous en chacun, par une secrète impulsion de l'amour, qui ne sait ce que c'est que posséder, parce qu'il ne jouit que de ce qu'il donne?

Ce peuple, semblable aux légers débris abandonnés sur l'aire après que le grain a été recueilli, pourriroit bien vite dans la boue, s'il n'étoit emporté par l'une de ces tempêtes à qui Dieu ordonne de passer sur ce monde pour le purifier.

C'est le droit qui affranchit, mais c'est le devoir qui unit; et l'union c'est la vie, et la parfaite union est la vie parfaite.

La nature entière nous avertit de l'indispensable besoin que tous ont les uns des autres; le précepte divin du secours mutuel, et du dévouement el de l'amour, nous est à chaque instant rappelé par ce que nos yeux voient autour de nous. Lorsque le temps est venu pour elles d'aller chercher en d'autres climats la pâture que le Père céleste leur y a préparée, les hirondelles s'assemblent; puis, sans se séparer jamais, elles voguent, nautoniers aériens, vers les rivages où elles se reposeront dans la paix et dans l'abondance. Seule, que deviendroit chacune d'elles? pas une n'échapperoit aux périls de la route; réunies, elles résistent aux vents, l'aile débile ou fatiguée s'appuie sur une aile moins frêle. Pauvres douces petites créatures que le dernier printemps vit éclore, les plus jeunes, abritées par leurs aînées, atteignent sous leur garde le terme du voyage,

et, sur la terre lointaine où la Providence les a conduites par-dessus les
mers, rêvent le nid natal et ces premières joies, ces joies mystérieuses,
ineffables, que Dieu a mises pour
tous les êtres à l'entrée de la vie.

V

Je vous l'ai dit : votre droit c'est vous, votre vie, votre liberté. Chaque homme n'est-il pas individuellement distinct de tout autre? n'a-t-il pas son existence propre, séparée et indépendante, ses organes corporels, sa pensée, sa volonté? Il ne seroit pas s'il n'étoit soi et uniquement soi.

Or se conserver, se développer selon ses lois particulières; en har-

monie avec les lois universelles, posséder pleinement le don de Dieu, en
jouir sans trouble, voilà le droit, hors
duquel nul ordre, nul progrès, nulle
existence; et le droit, dès-lors, a
pour chacun sa racine dans son être
même.

Ainsi le droit, en ce qu'il a de primitif et de radical, est inaliénable.
A-t-on jamais imaginé qu'on pût
aliéner son être, le donner à autrui,
le lui rendre propre? On peut, on
doit quelquefois mourir pour son
frère; mais on ne peut ni transfor-
mer son frère en soi, ni se transfor-
mer en son frère.

Le droit de se conserver, ou le
droit de vivre, implique le droit à
tout ce qui est indispensable à l'en-

tretien de la vie. L'Auteur de l'univers n'a pas fait l'homme de pire condition que les animaux : tous ne sont-ils pas conviés au riche banquet de la nature? un seul d'entre eux en est-il exclu? Dans l'atome liquide où voyage, comme la baleine dans l'océan, l'insecte imperceptible, la Providence a déposé l'aliment nécessaire à sa subsistance, et lui aussi puise à la mamelle intarissable de la commune mère sa gouttelette du lait qu'elle distribue, selon la mesure de ses besoins, à chaque créature.

Mais l'homme, plus élevé qu'aucune d'elles, a deux sortes de vie, la vie du corps et la vie de l'esprit : « Il ne vit pas seulement de pain, mais de toute parole qui procède de la bouche de Dieu, » c'est-à-dire de la vérité, qui nourrit son intelligence.

Que seroit-il sans la connoissance de la loi religieuse et morale, qui l'unit à Dieu et à ses semblables, qui le sépare de la brute par le sublime privilége de la vertu?

Eclairé de la lumière qui luit éternellement au sein de l'Être infini, et qui est lui-même, il découvre ce qui ne passe ni ne change, le vrai immuable, les idées, les modèles à jamais subsistants de tout ce qui est et de tout ce qui peut être.

Et si, de cette hauteur d'où il contemple ses propres destinées, qu'aucune durée ne limite, où l'espérance déploie dans l'immensité ses ailes

infatigables , où il sent au dedans
de soi une force secrète qui le ravit au-dessus du temps comme un
corps léger monte du fond des mers,
si, de cette hauteur, nous redescen-
dons dans l'étroite vallée où s'accomplit la première phase de son existence, que seroit-il encore sans la
science, qui, l'instruisant des lois de
la nature, la soumet à son empire,
en ramène à son usage toutes les productions, l'arme de ses puissances
les plus énergiques pour la dompter
elle-même et la contraindre d'obéir
à ses volontés, dilate enfin de plus en
plus la sphère de son action en dila-
tant indéfiniment celle de son intelligence ?

Il dit à la terre : Fais germer cette

plante en ton sein ; et la plante y germe pour que son fruit le nourrisse.

Il dit aux vents : Transportez-moi aux extrémités du monde ; et les vents dociles le déposent au rivage désiré.

Il dit à la vapeur : Fais l'œuvre de mes bras, prête-moi ta force si prodigieusement supérieure à la mienne ; et, pendant qu'il se repose, cette force aveugle opère avec une régularité merveilleuse ce que sa pensée a conçu.

La connoissance donc de la loi religieuse et morale, et celle des lois de l'univers, telle est la vie de l'esprit ; et tous ont droit à cette connaissance,

parce que tous ont le droit de vivre,
le droit de se conserver et de se développer.

Or, se développer c'est croître sans
obstacle, c'est appliquer librement
son activité à tout ce vers quoi la
porte l'impulsion interne, dans les
limites fixées par l'ordre universel;
et le droit dès-lors, essentiellement
inséparable de la liberté, se confond
avec elle dans son exercice.

Nul homme n'appartient à un autre
homme. Ne sont-ils pas égaux par
nature? Sur quel fondement donc
l'un d'eux prétendroit-il s'asservir
les autres? Chacun, maître de soi,
peut à son gré disposer de soi. Autrement, au lieu d'être ce que Dieu
l'a fait, un être raisonnable doué de

volonté, pouvant agir ou n'agir pas, selon sa propre détermination, il devient un pur automate. Or, je vous le demande, est-ce là l'homme? Concevez-vous un être humain privé de raison, ou une raison sans volonté, ou une volonté sans action, ou un acte qui soit réellement de celui qui l'opère s'il ne dépend pas de lui uniquement?

Ainsi la liberté c'est le droit, et le droit c'est la liberté.

Avec elle disparoît tout ordre moral. Celui qui ne pense, ne croit, ne fait que ce qu'on lui commande, de quel mérite est-il capable et de quoi répond-il? Il n'existe pour lui ni vrai ni faux, ni bien ni mal.

Le bien et le mal implique un choix, implique la liberté; et la liberté, soumise aux conditions générales de l'ordre, qui sont celles de l'existence même, a sa limite et sa règle, non dans des prescriptions humaines, mais dans les lois divines : pour le corps dans les lois physiques, pour l'esprit dans les lois de la justice et de la raison.

Vous n'avez de maître que Dieu, et sa volonté est que vous soyez libres, afin d'être semblables à lui, et de mériter par vos efforts, qu'il aidera d'en haut, d'être un jour pleinement unis à lui.

Louanges, amour à celui qui a créé l'homme, et l'a fait si grand que les mondes innombrables semés dans l'espace ne sont qu'autant de flambeaux allumés sur sa route, dont le terme, seul lieu de son repos, est la source même de toute vie, de tout bien et de toute perfection.

VI

Tel est le droit selon son essence ;
il est le principe conservateur de
l'être individuel , sa loi propre. On
peut le violer, mais il réclame éternellement contre sa violation ; et,
dans l'ensemble des choses, il est in-
destructible, parce que tout périroit
s'il étoit détruit; la création entière
rentreroit dans le néant.

Mais l'homme ne vit pas seul; Dieu ne l'a point destiné à cette existence solitaire; il ne se conserve et ne se développe selon sa nature que dans le société, par l'union avec ses semblables; et l'union des individus forme les peuples, et l'union des peuples forme le genré humain ou la famille universelle, que nous devons travailler sans cesse à constituer, pour que la somme des maux dont l'égoïsme est la source impure diminue aussi sans cesse, et que celle des biens répandus par la Providence le long de notre route ici-bas augmente en même proportion.

Voyez sur les bords de la mer un arbre isolé. Sans force contre les vents qui courbent sa tige, abaissent

et brisent ses branches à mesure
qu'elles croissent, il se dessèche et
meurt bientôt. Ainsi en est-il de
l'homme sur la terre. Il ne suffit pas
que l'eau des nuées humecte ses
racines, il faut encore qu'il trouve
un abri, et que ses rameaux, en s'é-
levant, s'appuient sur d'autres rameaux.

Quelle que soit l'origine d'une association humaine, chacun de ses
membres y apporte avec soi son droit
tel que nous l'avons expliqué, et l'y
conserve immuablement; car le droit,
je le répète, ne peut ni se perdre ni
s'aliéner; et l'ensemble de ces droits
égaux, et les mêmes pour tous, forme
le droit du peuple, le droit social;
car le peuple c'est la société, qui ne

subsiste que par lui, et n'existeroit
pas un seul instant sans lui.

Le peuple a donc, comme l'individu, le droit de vivre, le droit de se
conserver et de se développer librement. Toute atteinte portée à ce
droit est une violation des lois du
Créateur; et plus cette violation est
profonde, plus les maux qu'elle engendre sont profonds aussi.

Et maintenant, ô peuple, dis-moi
ce qu'est devenu ton droit en ce
monde; dis-moi ce que fut jadis, ce
qu'est encore ta pauvre vie si chargée
de labeur.

Esclave autrefois, puis serf durant
de longs âges, toujours opprimé, ex-
ploité toujours, semblable au pré

qu'on fauche au printemps, et qu'on livre encore à une dent avide en automne, quel fruit as-tu retiré de ce qu'on a par moquerie appelé ton affranchissement?

Pourquoi te traînes-tu avec tant de douleur sur cette terre, donnée en héritage à tous les hommes indistinctement, et que tous ils devroient parcourir en dominateurs?

Pourquoi, au milieu des productions qu'elle offre de soi-même et que multiplie ton travail, gémis-tu si souvent dans l'angoisse de la faim?

Pourquoi n'as-tu d'abri ni contre les vents glacés de l'hiver, ni contre les feux du soleil dans la saison brûlante?

Pourquoi manques-tu et de vêtements pour recouvrir tes membres
exténués, et d'un linceul pour les
envelopper lorsqu'on les jette dans la
fosse commune, où ils se reposent
pour la première fois?

Lorsque la pluie descend dés nuées,
elle rafraîchit et désaltère la plus
humble plante cachée en un coin de
la vallée, comme l'arbre qui, sur la
montagne, étend au loin ses fortes
branches et dresse sa tête altière.

Pourquoi sembles-tu plus délaissé
de la Providence que le brin d'herbe?

Pourquoi, inquiet du jour présent,
inquiet du lendemain, les joies de
la famille se changent-elles pour toi
en amers soucis? Pourquoi, à la

table où le commun Père veut que
s'asseyent tous ses enfants, ta coupe
ne se remplit-elle que d'un vin troublé?

Pourquoi, absorbé dès le premier
âge dans les travaux du corps, ne
recueilles-tu qu'avec tant de peine
quelques foibles rayons de la lumière dont se nourrit l'esprit? Pourquoi l'astre de la science ne se lève-
t-il point sur l'horizon du monde
ténébreux où l'on t'a relégué?

Notre vie sur la terre ne sauroit
sans doute être exempte de douleurs.
Le besoin, la souffrance même, en
excitant notre activité, sont une condition du progrès commun. Sans
doute encore, égaux en droits, les
hommes ne possèdent point des fa-

cultés égales , ne naissent pas tous
en des circonstances également favo-
rables à leur développement ; et cette
inégalité d'où résultent, avec des in-
clinations différentes , des aptitudes
particulières aux diverses fonctions
qu'implique l'existence de la société,
contribue au bien général.

Mais ce bien, tous doivent y parti-
ciper, et il n'est même le bien général
que parce qu'il est le bien du plus
grand nombre, le bien du peuple, et
non de quelques individus, ou de
quelques classes seulement. Qu'un
homme en effet regorgeât de richesses, tous les autres restant pauvres, appelleroit-on sa richesse la richesse générale ?

Or, presque partout la jouissance

des biens naturellement destinés à
tous a été le partage exclusif de quelques-uns, qui, tenant le peuple sous
leur sujétion, et oubliant à son égard
les sentiments que les frères doivent
aux frères, l'ont traité comme les
animaux que le jour on attelle à la
charrue, et à qui on jette le soir une
poignée de paille à l'étable.

Et ils ont pu le traiter ainsi, ils
ont pu le maintenir dans la servitude,
et l'ignorance, et la misère, et l'a-
baissement, parce que, maîtres de la
société et l'organisant à leur gré,
dans l'unique vue de leur intérêt
propre, ils ont ôté au peuple le
moyen de défendre les siens, en le
dépouillant de ses droits politiques,
en lui interdisant toute espèce de

concours dans la confection des lois,
dans la gestion des affaires communes,
et le réduisant à une simple obéissance passive.

Des maux qui sont dans le monde,
une grande partie vient de là ; et
point de soulagement à y espérer
aussi longtemps que subsistera cette
inique violation de l'égalité naturelle.

VII

-Peuple, écoute ce qu'ils t'ont dit,
et à quoi ils t'ont comparé.

Ils ont dit que tu étois un trou-
peau, et qu'ils en étoient les pasteurs :
toi, la brute ; eux, l'homme. A eux
donc ta toison, ton lait, ta chair.
Pais sous leur houlette, et multiplie,
pour réchauffer leurs membres, étan-
cher leur soif, assouvir leur faim.

Ils ont dit aussi que la puissance royale était celle d'un père sur ses enfants toujours mineurs, toujours en tutelle. Sans liberté dès-lors et sans propriété, le peuple, éternellement incapable de raison, incapable de juger de ce qui lui est bon ou mauvais, utile ou nuisible, vit dans une dépendance absolue du prince, qui dispose de lui et de toutes choses comme il lui plaît. Servitude encore et misère.

Quelques-uns ne reconnoissent que la force pour arbitre de la société : au plus fort le pouvoir, au plus fort le droit. Pauvre peuple, on te foule, on t'opprime ; c'est le sort du foible : de quoi te plains-tu ? Dans ta candide simplicité, tu demandes à la tyrannie

ses titres : est-ce que partout tu ne
les vois pas? est-ce que tu ne vois
pas ces baïonnettes qui reluisent au
soleil et ces canons braqués sur les
places publiques?

D'autres ont imaginé que le pouvoir appartenoit de droit à quelques
races d'une nature plus parfaite, ou
que Dieu le conféroit immédiatement
soit à des individus choisis pour certaines fins particulières, soit à des
familles destinées à le posséder perpétuellement. Perpétuellement donc
les peuples leur devroient une obéissance entière, aveugle. Car la volonté
du chef établi de Dieu étant, à l'é-
gard des sujets, la volonté de Dieu
même, seroit toujours présumée juste;
et, en tout cas, aucun abus, aucun

excès, ni les crimes même les plus
énormes, n'autoriseroient à secouer
le joug de sa puissance oppressive.

Ils ont appelé cela le *droit divin*.

Peuple, ferme l'oreille à ces men-
songes. Laisse l'impie blasphémer le
Père du genre humain, et apprends
à connoître ses lois véritables, à connoître ton droit pour le conquérir.

Tous les hommes naissent égaux,
et par conséquent indépendants les
uns des autres : nul, en venant au
monde, n'apporte avec soi le droit de
commander. Si chacun originairement étoit tenu d'obéir à la volonté
d'un autre, il n'existeroit point de
liberté morale, ou de choix libre dans
les actes; il n'existeroit ni crime ni

vertu, car la vertu dépend du libre
choix entre le bien et le mal.

Or l'indépendance personnelle et
la souveraineté ne sont qu'une même
chose; et ce qui fait que l'homme est
libre à l'égard de l'homme, ou souverain de lui-même, est ce qui fait de
lui un être moral, responsable envers
Dieu, capable de vertu. Sublime at-
tribut de l'intelligence, la souveraineté de soi, ou la liberté, forme le
caractère essentiel qui le distingue
de la brute, soumise à la fatalité et
emportée par elle dans la sphère de
son existence aveugle, comme les
corps célestes dans leurs orbites rigoureusement déterminées.

Aucun homme ne peut aliéner sa
souveraineté, parce qu'il ne peut ab-

diquer sa nature ou cesser d'être homme ; et de la souveraineté de chaque individu naît dans la société la souveraineté collective de tous ou la souveraineté du peuple, également inaliénable.

Lorsque la sympathie rapproche les hommes, et que l'utilité réciproque établit entre eux une association de secours mutuel et de travail commun, de qui dépendroit cette association, si ce n'est uniquement d'elle-même ?

Tous y apportent des droits égaux, avec des facultés inégales et des aptitudes diverses. Leurs relations, fondées sur l'invincible instinct qui les pousse à s'unir et sur les avantages de cette union, dépendent de leur libre consentement et des règles qu'ils s'imposent eux-mêmes. Nul ne sauroit être engagé contre sa volonté ; et quand la volonté commune de s'unir à certaines conditions a créé le peuple, la volonté du peuple, ou la volonté générale de la société, en ce qui ne blesse point l'ordre moral essentiel et immuable, ou la justice et la charité, constitue la loi. Ainsi, loin de détruire ou d'altérer la liberté primitive, la loi n'est que l'exercice même de cette liberté, dirigé vers une fin utile à tous par la raison de tous.

Que si un ou quelques-uns tentoient de substituer leur volonté particulière à la volonté commune, leurs prescriptions, quelles qu'elles fussent, ne seroient pas des lois, mais une violation du principe même de la loi, un acte illégitime et subversif de toute vraie société.

Quand donc, renversant la base naturelle de l'égalité dans l'organisation de l'état, on investit exclusivement certaines classes privilégiées de l'autorité législative, qu'on en fait une attribution de la naissance ou de la richesse, il y a désordre et tyrannie; car l'association véritable est changée en domination. Les uns commandent, et pourquoi? les autres obéissent, et pourquoi? Qui a soumis ceux-ci à ceux-là? qui a dit à des frères : Vos frères se courberont sous votre main; soyez leurs maîtres, et disposez d'eux et de ce qui est à eux, de leur travail et du produit de leur travail comme il vous plaira?

Toute loi à laquelle le peuple n'a point concouru, qui n'émane point de lui, est nulle de soi.

On vous parle du souverain, du prince, des pouvoirs publics : on vous abuse avec des mots. Je vous l'ai déjà dit, le souverain c'est vous, c'est le peuple, essentiellement libre. Le pouvoir, qu'il soit exercé par un ou plusieurs, dérive de lui. Simple exécuteur de la loi ou de la volonté du peuple, il n'a point d'autre fonction. Il est choisi, délégué uniquement pour cela, non pour commander, mais pour obéir; et s'il cesse d'obéir au peuple, le peuple le révoque comme un mandataire infidèle, voilà tout.

Il faut encore que vous sachiez ceci. Lorsque l'excès de la souffrance

vous inspire la résolution de recouvrer les droits dont vos oppresseurs
vous ont dépouillés, ils vous accusent
de troubler l'ordre, ils vous traitent
de rebelles. Rebelles à qui? Il n'y a
de rébellion possible que contre le
véritable souverain, contre le peuple;
et comment le peuple seroit-il re-
belle au peuple? Les rebelles, ce sont
ceux qui se créent à ses dépens des
priviléges iniques; qui, de ruse ou de
force, parviennent à le soumettre à
leur domination et quand il brise
cette domination; il ne trouble pas
l'ordre, il le rétablit, il accomplit
l'œuvre de Dieu et sa volonté toujours
juste.

VIII

Vous qui portez le poids du jour, hommes de labeur et de douleur, pauvres déshérités de cette terre si féconde et si belle, pourquoi, quand tout dans la nature se réveille et sourit au matin, que les petits oiseaux, secouant leurs ailes humides de rosée, gazouillent sur la branche l'hymne de joie que les insectes murmurent dans l'herbe, pourquoi cette tristesse dans

votre regard, ce silence sur vos lèvres? Pourquoi la douce lumière qui
s'épanche de l'Orient, lorsqu'il s'ouvre
comme une fleur céleste, ne dissipe-
t-elle jamais les ténèbres de votre
front?

L'abeille a sa ruche pour s'y reti-
rer, et vous n'avez point d'asyle qui
soit à vous; la mite a son vêtement
de soie qui la protége contre la froi-
dure, et vos membres sont nus; le
plus chétif vermisseau trouve sur sa
plante natale un abri et la nourriture, et vous manquez de l'un et de
l'autre.

Ce n'est point que la Providence ait
été plus dure envers vous, mais ce
que Dieu vous donne les hommes
vous l'ôtent. Que vous a-t-on laissé

de ce qu'il prodigue à tous? Même une goutte d'eau de la mer on vous défend de la prendre; elle est au fisc, elle n'est pas à vous.

Vos maux, encore un coup, viennent des vices de la société, détournée de sa fin naturelle par l'égoïsme de quelques-uns, et jamais vous ne serez mieux tant que ceux-ci feront seuls les lois. Si vous aviez quelque chose à attendre d'eux, s'ils ne désiroient et ne cherchoient, selon la justice, que le plus grand bien de tous, s'élèveroient-ils au-dessus de tous? se réserveroient-ils si exclusivement l'administration des affaires de tous? Est-ce par zèle pour vos intérêts qu'ils vous en interdisent le soin? est-ce pour eux ou pour vous, pour votre

avantage ou pour le leur qu'ils ré-
clament la domination? Si pour le
leur, à quel titre, et d'où ce privilége? si pour le vôtre, ils vous jugent
donc incapables de discerner vous-
mêmes ce qui vous est bon ou mauvais? vous êtes donc des brutes,
suivant eux?

Nous sommes tous enfants du même
père, qui est Dieu, et le Père commun
n'a point asservi les frères aux frères;
il n'a point dit à l'un : Commande,
et à l'autre : Obéis. Ils se doivent
mutuellement aide et secours, et justice et charité, rien de plus; et la
société, que les passions insensées et
désordonnées, que l'orgueil et la convoitise ont rendue si pesante à la race
humaine presque entière, n'est dans

son essence, et ne doit être de fait,
que l'union des forces et des volontés
pour atteindre plus sûrement le but
de l'existence, que l'organisation de
la fraternité.

Y avoit-il des rois, des nobles, des
patriciens et des plébéiens avant qu'il
y eût des peuples? Et si le peuple, égal
et libre, préexistoit à toute distinction,
toute distinction, si elle n'est pas le
fruit de la violence et du brigandage,
dérive donc du peuple, de sa volonté
indépendante, de son impérissable
souveraineté. Hors de là, rien de légitime. Patriciat, noblesse, royauté,
toute prérogative, en un mot, qui pré-
tend ne relever que de soi, se sous-
traire à la volonté, à la souveraineté
du peuple, est un attentat contre la

société, une usurpation révolution-
naire, un germe au moins de tyrannie.

Le peuple ne fait point de classes,
il ne crée point de priviléges, il dé-
lègue des fonctions; il confie tel soin
à celui-ci, tel autre soin à celui-là; il
les charge d'exécuter ses décisions; ce
qu'il a réglé pour le bien commun
selon les formes établies par lui; et
qu'il peut toujours modifier, changer.

Hypocrites, qui vous dites chrétiens, ouvrez la loi chrétienne, vous
y lirez : « Les princes des nations do-
« minent sur elles; et ceux-là sont
« plus grands qui exercent sur elles
« la puissance. Il n'en sera pas ainsi
« entre vous; mais que celui de vous
« qui voudra être le plus grand serve

« les autres, et que celui qui voudra
« être le premier parmi vous soit le
« serviteur de tous. »

Donc, à qui que ce soit qui osera
se dire votre maître répondez : Non.
Ne vous laissez ni opprimer par les
hommes de violence, ni tromper par
ceux qui vous prêchent la servitude
au nom de Dieu, qui s'efforcent de
vous plonger dans l'abrutissement de
l'ignorance, et disent ensuite : Le
peuple manque de lumières et de raison; il ne sauroit se conduire lui-
même; il faut, pour son intérêt, qu'il
soit gouverné.

Votre droit, au contraire, est que
nul ne vous gouverne, ne vous impose des lois à son gré; qu'elles émanent de vous seuls; que le déposi-

laire du pouvoir public exerce un simple office révocable, qu'il soit votre *serviteur*, et rien de plus.

Quand vous aurez reconquis votre droit, si vous en usez avec sagesse le monde changera de face; il y aura moins de larmes, et les larmes seront moins amères. Peu à peu le contraste de l'opulence extrême et de l'extrême indigence cessera d'affliger l'humanité. La faim have et morne ne s'assiéra plus à votre foyer. Tous auront l'aliment du corps et celui de l'esprit. Partagés comme ils le doivent être entre des frères, les biens que la Providence nous a départis se multiplieront par le partage même. Les enfants ne demanderont plus en pleurant à leur père, lorsqu'il rentre le soir exténué de fatigue, le pain qui leur manque : ils n'éleveront plus leurs petites mains innocentes au ciel que pour le bénir de ses dons. Le sourire renaîtra sur les lèvres maternelles ; et le vieillard rassasié de jours, en voyant vers l'automne le soleil, à demi voilé par les nuages du couchant, dorer de ses derniers rayons les feuilles jaunissantes et l'herbe flétrie, se réjouira dans le pressentiment intime et mystérieux d'un nouveau printemps et d'une aurore nouvelle.

IX

Il ne suffit pas de connoître vos droits, il faut aussi connoître vos devoirs ; car la pratique du devoir n'est pas moins nécessaire que la jouissance du droit au maintien de l'ordre voulu de Dieu, et hors duquel vous n'avez rien à espérer sur la terre.

Le droit est la garantie de votre existence individuelle et de votre liberté; il est votre liberté même ; il fait que vous êtes une personne, et non une pure chose dont le premier venu est maître d'user à sa fantaisie.

Mais est-ce tout que d'exister? est-ce tout que d'être libre? Rien ne subsiste isolément dans l'univers, ne s'appuie sur soi, ne se nourrit de soi. On donne pour recevoir, on reçoit pour donner, et la vie tariroit de toute part sans ce don mutuel et incessant de tous à chacun et de chacun à tous.

Qui pourroit se passer entièrement de l'aide et du secours d'autrui ? Nous en avons besoin dans l'enfance, nous en avons besoin dans la maladie, nous en avons besoin en tout et toujours. Représentez-vous un homme seul, sans relations avec ses sembla-

7

bles, n'en recevant rien, ne leur ren-
dant rien : ce seroit le sauvage au
milieu des bois; ce seroit bien moins
que le sauvage, car le sauvage vit en
famille, en société; ce scroit bien
moins que l'animal, qui a sa femelle
et ses petits dont il prend soin, et,
souvent encore, est associé, soit pour
la défense réciproque, soit pour un
travail commun, avec des individus de même espèce. L'homme isolé
des autres hommes, dépourvu dès-lors
et de langage, et d'intelligence, et
d'amour, seroit au sein de la création une sorte de monstre sans origine, sans lien, sans nom, un je ne
sais quoi indéfinissable qu'on regar-
deroit avec effroi. -

Or, si là sympathie, l'instinct rap-

prochent les animaux selon leurs lois
propres, le devoir coordonne et unit
les créatures libres. Il est la base de
la société, l'indispensable condition
de l'existence commune.

Le droit concentre chacun en soi,
car, ayant pour but immédiat la conservation de l'individu, tout droit,
par son essence, est individuel ; et le
peuple, sous ce rapport, n'est qu'un
individu collectif. Réclamer un droit,
c'est demander quelque chose pour
soi. Le pur droit, séparé du devoir,
seroit l'égoïsme pur, et par conséquent, selon le vieil axiome, la suprême injustice. Qu'est-ce, en effet,
que l'injustice, sinon la préférence
absolue de soi aux autres ou le sacrifice des autres à soi ? Commettre un

meurtre, un vol, un délit quelconque,
ce n'est que cela ; c'est sacrifier autrui à sa passion, à sa convoitise, à
son intérêt exclusivement individuel.

Le devoir, au contraire, porte chacun au dehors de soi ; car il a pour
but la conservation, le bien de tous.
Accomplir un devoir, c'est faire
quelque chose d'utile à autrui. Le
devoir pur est le pur dévouement, ou
la justice et l'amour suprême. Qu'est-
ce en effet que la justice et qu'est-ce
que l'amour, sinon la préférence des
autres à soi, ou le sacrifice de soi aux
autres ?

Le droit est sacré, puisqu'il est le
principe conservateur de l'individu,
élément primitif de la société et sa
racine nécessaire.

Le devoir est sacré, puisqu'il est le principe conservateur de la société, hors de laquelle nul individu ne se développeroit ni ne subsisteroit.

Oh! que la terre seroit heureuse, et que le genre humain avanceroit rapidement dans la voie où il ne doit s'arrêter jamais, si le droit étoit respecté toujours et le devoir toujours accompli!

Cet ordre merveilleux, ces belles et touchantes harmonies qui nous ravissent dans la nature, d'où viennent-elles? De ce que tout y est à sa place et s'y maintient invariablement. Chaque être, obéissant avec une ponctuelle régularité aux lois générales et à ses lois particulières, remplit fidèlement la fonction que lui assigna le créateur. Du soleil, d'où s'épandent d'intarissables fleuves de lumière et de vie, jusqu'à la source qui tombe goutte à goutte du rocher, tout est ordonné pour une même fin, et tout y concourt par une infinie variété de voies, que la pensée admire d'autant plus qu'elle les contemple davantage. Il n'est pas dans l'univers une action, un mouvement qui, de proche en proche, ne coopère à la croissance d'une mousse ; et les mondes, après avoir parcouru comme elle les phases de leur développement, se décomposent comme elle, nourriture préparée pour d'autres mondes.

Nulle créature dont l'existence ne dépende des autres créatures. Il faut, pour qu'elles subsistent, qu'incessam-

ment il s'opère entre elles une transfusion de leur être. Qu'est-ce que
vivre? Recevoir. Qu'est-ce que mourir? Donner. La vie, dans sa condition première, est un sacrifice, une
communion perpétuelle et universelle.

Ce que les corps bruts, les plantes,
les animaux sans raison, et soumis
dès-lors à la nécessité, font aveuglé-
ment, par une impulsion fatale et
irrésistible, l'homme doit le faire librement; il doit, se subordonnant au
tout dont il est membre, aimer ses
frères comme il s'aime lui-même,
vouloir leur bien comme il veut son
bien, se réjouir de leurs joies, s'affliger de leurs peines, les aider, les
servir, s'identifier à eux, se dévouer

pour eux, et travailler ainsi, par une union sans cesse croissante et des individus et des peuples, à consommer l'unité sainte du genre humain.

X

Le devoir s'étend à tous les êtres,
car tous ont leur place dans l'univers,
tous y remplissent, selon les vues de
la Sagesse suprème, des fonctions
qu'elle défend de troubler; tous jouissent du don divin et ont droit d'en
jouir. En détruire un seul par pur
caprice, ou lui infliger d'inutiles
souffrances, est un acte mauvais, un
acte opposé aux lois de l'ordre.

Respectez Dieu dans ses moindres œuvres, et que votre amour embrasse, comme le sien, tout ce qui respire et vit.

Si, en douant l'homme d'intelligence, il a fait de lui le roi de la nature, il n'a pas voulu qu'il en fût le tyran. Son œil, à qui rien n'échappe, a aussi un regard de père pour le pauvre passereau qui palpite sous votre main.

Nulle société possible sans le devoir, car sans lui nul lien entre les hommes. Il comprend, comme vous l'avez vu, la justice et la charité.

Ne pas faire à autrui ce que nous ne voudrions pas qu'autrui nous fît, voilà la justice.

Faire pour autrui, en toute rencontre, ce que nous voudrions qu'il fît pour nous, voilà la charité.

Un homme vivoit de son labeur, lui, sa femme et ses petits enfants ; et comme il avoit une bonne santé, des bras robustes, et qu'il trouvoit aisément à s'employer, il pouvoit sans trop de peine pourvoir à sa subsistance et à celle des siens.

Mais il arriva qu'une grande gêne étant survenue dans le pays, le travail y fut moins demandé parce qu'il n'offroit plus de bénéfices à ceux qui le payoient, et en même temps le prix des choses nécessaires à la vie augmenta.

L'homme de labeur et sa famille

commencèrent donc à souffrir beau=
coup. Après avoir bientôt épuisé ses
modiques épargnes, il lui fallut vendre
pièce à pièce ses meubles d'abord,
puis quelques-uns même de ses vêtements ; et quand il se fut ainsi dépouillé il demeura, privé de toutes
ressources, face à face avec la faim.
Et la faim n'étoit pas entrée seule en
son logis : la maladie y étoit aussi
entrée avec elle.

Or cet homme avoit deux voisins,
l'un plus riche, l'autre moins.

Il s'en alla trouver le premier, et
il lui dit : « Nous manquons de tout,
moi, ma femme et mes enfants : ayez
pitié de nous. »

Le riche lui répondit : « Que puis-je

à cela? Quand vous avez travaillé pour moi, vous ai-je retenu votre salaire, ou en ai-je différé le paiement? Jamais je ne fis aucun tort ni à vous ni à nul autre : mes mains sont pures de toute iniquité. Votre misère m'afflige, mais chacun doit songer à soi dans ces temps mauvais : qui sait combien ils dureront? »

Le pauvre père se tut, et, le cœur plein d'angoisse, il s'en retournoit lentement chez lui, lorsqu'il rencontra l'autre voisin moins riche.

Celui-ci, le voyant pensif et triste, lui dit : « Qu'avez-vous? il y a des soucis sur votre front et des larmes dans vos yeux. »

Et le père, d'une voix altérée, lui exposa son infortune.

Quand il eut achevé : « Pourquoi, lui dit l'autre, vous désoler de la sorte ? Ne sommes-nous pas frères ? et comment pourrois-je délaisser mon frère en sa détresse ? Venez, et nous partagerons ce que je tiens de la bonté de Dieu. »

La famille qui souffroit fut ainsi soulagée, jusqu'à ce qu'elle pût elle-même pourvoir à ses besoins.

Plusieurs années passèrent, après lesquelles les deux riches comparurent devant le Juge souverain des actions humaines.

Et le Juge dit au premier : « Mon œil t'a suivi sur la terre : tu t'es abstenu de nuire à autrui, de violer son droit ; tu as accompli rigoureusement la loi stricte de justice ; mais, en l'accomplissant, tu n'as vécu que pour toi ; ton âme sèche et dure n'a point compris la loi de l'amour. Et maintenant, dans ce monde nouveau où tu entres pauvre et nu, il te sera fait comme tu as fait aux autres. Tu as réservé pour toi seul les biens qui t'avoient été départis ; tu n'en as rien donné a tes frères : il ne te sera rien donné non plus. Tu n'as songé qu'à toi, tu n'as aimé que toi : va, et vis de toi-même. »

Et, se tournant vers le second, le Juge lui dit : « Parce que tu n'as point été seulement juste, et que la charité pénétra ton cœur ; parce que ta main s'ouvrit pour répandre sur tes frères moins heureux les biens dont tu étois dépositaire, et qu'elle essuya les larmes de ceux qui pleuroient, de plus grands biens, te seront donnés. Va, et reçois la récompense de celui qui a pleinement accompli le devoir, la loi de justice et la loi d'amour. »

XI

Il est des devoirs de plusieurs sortes, des devoirs généraux et particuliers. Ceux-là forment le lien universel des hommes; ceux-ci dérivent des relations diverses qu'établissent entre eux la nature et la société.

Interrogez partout la raison qu'aucun préjugé n'altère, et la conscience qu'aucun intérêt, aucune passion n'a

8

corrompue : elles vous répondront que l'homme est sacré pour l'homme ; que l'attaquer dans sa personne, sa liberté, sa propriété, c'est renverser la base de l'ordre, violer les lois morales, conservatrices du genre humain ; c'est commettre un de ces actes qui, dans tous les siècles, chez tous les peuples, ont reçu le nom terrible de CRIME.

Il y a une voix au dehors de vous, immuable, éternelle, et une autre voix au dedans de vous-même ; et ces deux voix disent :

Tu ne tueras point, tu ne déroberas point, tu ne flétriras point la vertu de l'épouse ni la pudeur de la jeune vierge ; ta pensée même sera pure de ces abominations.

Celui qui verse le sang de son frère
est maudit sur la terre et maudit
au ciel.

Et maudit encore est celui qui,
par ruse ou violence, lui ravit soit
sa liberté, soit une portion quelconque de ce qu'il possède légitimement;
qui porte dans sa famille le désordre,
avec tous les maux que le désordre
engendre, la honte, la discorde, les
angoisses du cœur, la défiance, la
haine, et la ruine souvent.

Les plantes des champs étendent
l'une près de l'autre leurs racines
dans le sol qui les nourrit toutes, et
toutes y croissent en paix. Aucune
d'elles n'absorbe la sève d'une autre,
ne flétrit sa fleur, n'en corrompt le
parfum. Pourquoi l'homme est-il
moins bon envers l'homme?

Bannissez de votre cœur les désirs mauvais et les pensées mauvaises; car se complaire dans la pensée et dans le désir du mal, c'est avoir déjà accompli le mal.

Il y a des paroles qui tuent : veillez donc sur votre langue, et que jamais elle ne soit souillée par la médisance et la calomnie.

L'envie, la colère, la vengeance, la haine dévorent l'âme qui les recèle, et cette âme tourmentée est perpétuellement comme en travail pour enfanter le meurtre.

Vous a-t-on offensé, pardonnez pour qu'on vous pardonne. Qui n'a besoin de pardon? et qui peut se dire : Nul ne sauroit équitablement se plaindre de moi?

Ne marchez point en des voies tortueuses, et que votre parole soit toujours vraie; que jamais elle n'alarme l'oreille pudique, ni ne blesse le respect que l'homme doit à l'homme et se doit à lui-même.

Il se doit encore d'éviter tout ce qui le dégrade et l'avilit en le rapprochant de la brute, tous les excès des sens, les habitudes funestes qui usent le corps, hébêtent l'esprit, et font qu'en le voyant, ne reconnaissant plus la créature intelligente, on détourne de lui les yeux avec dégoût.

En nous sont deux êtres, l'animal et l'ange; et notre travail est de combattre l'un pour que l'autre domine seul, jusqu'au moment où, dégagé de son enveloppe pesante, il prendra son essor vers de meilleures et plus hautes régions.

Ainsi faisant, vous ne nuirez à personne, vous serez justes; mais d'autres devoirs encore, de grands et sacrés devoirs vous resteront à remplir.

Est-ce que celui qui s'est simplement abstenu de mal, qui n'a fait au prochain aucun tort, aucun bien non plus, est quitte envers lui et parfait devant Dieu? En déposant au fond de notre cœur le germe de l'amour et de la pitié, de tous les sentiments sympathiques, le Père céleste ne nous a-t-il pas commandé d'autres vertus, et plus élevées et plus fécondes?

Voyez cette pauvre créature hu-

maine gisante au coin de la rue
dans la défaillance du besoin, ou
qu'un accident vient d'atteindre. Un
homme la regarde, la plaint, et passe.
Suis-je cause, se dit-il, qu'elle soit
en cet état, et qui m'a chargé d'elle?
C'est bien assez d'avoir à songer à soi.
Un autre la regarde aussi, et son
âme s'émeut. Il s'approche, la prend
dans ses bras, la porte en sa maison,
la couche sur son lit, et la veille et
la soigne comme le frère soigne son
frère et l'ami son ami.

De ces deux hommes, lequel a
vraiment accompli le devoir?

Toujours il y aura des maux sur
la terre, et ces maux devront être
soulagés toujours.

Votre frère a-t-il faim : vous lui

devez l'aliment qui lui manque; est-il nu, sans toit, sans asyle : vous lui devez le vêtement et l'abri; malade, vous lui devez assistance. Il est votre chair, car vous êtes tous les membres d'un même corps que doit animer une même âme : traitez-le donc comme votre propre chair.

Il est bien des sortes de foiblesse et bien des genres de dénuement; et toute foiblesse réclame protection, tout dénuement secours. Que seroit sans cela, je vous le demande, la société humaine? que seroit le monde? Que deviendroient ceux que l'infirmité, la pauvreté, l'isolement, l'âge, la simplicité d'esprit, l'ignorance livrent, comme une facile proie, aux piéges du méchant?

Repoussez l'injustice faite à autrui avec la même fermeté, la même constance que si elle l'étoit à vous-même; étendez votre main entre l'oppresseur et l'opprimé. Votre frère c'est vous, et quand on l'opprime n'êtes-vous pas opprimé aussi?

Que l'orphelin trouve en vous un père, la veuve et le vieillard un appui, l'étranger un hôte secourable; soyez l'œil de l'aveugle et le pied du boiteux.

Ayez pour les affligés de ces paroles de l'âme qui tempèrent l'amertume des pleurs. Il n'est point de souffrances que la sympathie n'allége. Les tristesses de la vie se dissipent aux rayons de l'amour fraternel comme les gelées d'automne fondent le matin quand le soleil se lève.

Qui donne à propos un bon conseil, un sage avertissement, une instruction utile, donne plus que s'il donnoit de l'or; et communiquer ce qu'on sait, répandre la science, c'est semer le grain qui nourrira les générations successives.

Ne croyez jamais trop faire pour garder la paix : la paix, fondement de tout bien, en est aussi le couronnement. Supportez les autres pour qu'ils vous supportent. N'avons-nous pas tous nos foiblesses, nos défauts, nos moments fâcheux? La patience émousse peu à peu les aspérités les plus rudes : que rien donc ne l'épuise en vous, ni les mots irritants, ni les

vacités provocantes. Soyez comme
a vigne, dont le suc est d'autant
lus doux qu'elle croît en une terre
ierreuse.

Respecter la vie, la liberté, la pro-
riété d'autrui;

Aider autrui à conserver et à dé-
elopper sa vie, sa liberté, sa pro-
riété :

Ces deux préceptes contiennent en
ubstance les devoirs de justice et de
charité. Le détail en seroit infini, car
ls embrassent toutes les pensées, tous
es sentiments, toutes les actions de
'homme, et un seul précepte les ré-
sume tous, le divin précepte de
'amour. Aimez, et faites ce que vous
voudrez, car vous ne voudrez rien

que de juste et de bon. Aimez, d
le souverain Maître, et vous accom
plirez parfaitement la Loi.

XII

Outre les devoirs généraux il en existe de particuliers, et premièrement les devoirs de famille.

La famille, permanente comme la société, en est l'élément primitif. Les relations qui la constituent, antérieures aux lois positives, dérivent directement de la nature même. Un être incapable de se reproduire est

un être incomplet : la femme es
donc le complément de l'homme. Il
s'appellent, se supposent l'un l'au
tre, ne forment en deux corps qu'un
même unité, et les enfants qui pro
cèdent d'eux ne sont en réalité qu'u
prolongement, une continuation d
leur être commun; ils revivent er
eux, comme on le dit, et, par le
générations successives, se perpé-
tuent indéfiniment.

Ainsi le mariage n'est point une
institution arbitraire; il est l'union
physique et morale d'un seul homme
avec une seule femme, qui se com-
plètent l'un l'autre en s'unissant;
et toute atteinte portée au mariage,
à son unité, à sa sainteté, est une
violation des lois naturelles, une

révolte insensée contre le Créateur, une source de désordres et de maux sans nombre.

Plus d'une fois on a vu se répandre dans le monde d'abjectes et licencieuses doctrines, destructives du lien conjugal. Repoussez avec horreur et dégoût ces hideux enseignements de quelques esprits dépravés, qui voudroient ravaler l'homme au niveau de la brute, et même au-dessous de la brute; car en plusieurs espèces d'animaux on aperçoit déjà comme une foible ombre de ce qui devient, en s'élevant, l'union sainte d'où dépend la perpétuité du genre humain.

N'ayez point à rougir devant la colombe fidèle et pudique, et ne dégradez point le sacré caractère imprimé sur votre front par le doigt de Dieu.

Entre l'homme et la femme, l'époux et l'épouse, les droits sont égaux, les aptitudes et les fonctions diverses.

La femme n'est point la servante de l'homme, encore moins son esclave; elle est sa compagne, son aide, les os de ses os, la chair de sa chair. A mesure que le sens moral se développe chez un peuple, elle croît en dignité et en liberté, en cette sorte de liberté qui n'est point l'exemption du devoir et de la règle, mais l'affranchissement de toute dépendance servile.

Mari, vous devez à votre femme

espect, amour et protection; femme,
ous devez à votre mari déférence,
amour et respect. En lui donnant la
orce, Dieu l'a chargé des plus rudes
ravaux; en vous donnant la grâce,
t la tendresse, et la douceur, il vous
a départi ce qui en allége le poids,
t fait du labeur même une intarissable source de joies pures.

Lorsque votre main essuie son
visage mouillé de sueur, toutes ses
fatigues ne sont-elles pas à l'instant
oubliées? lorsque son âme est triste
et sa pensée soucieuse, une de vos
paroles, un de vos regards ne ramène-
t-il pas le calme en son cœur et le
sourire sur ses lèvres?

L'homme seul est un roseau dont

9

les souffles divers qui l'agitent ne tirent que des sons plaintifs.

La nature pour vous est pleine d'enseignements : ouvrez les yeux, et les plus frêles créatures vous instruiront. Quand les flots, tourmentés par les vents d'hiver, écument et grondent, le pauvre oiseau de mer et sa compagne, réfugiés au creux d'un rocher, se pressent l'un contre l'autre, et s'abritent et se réchauffent mutuellement. Il y a bien des tempêtes dans la vie : prenez exemple sur l'oiseau de mer, et vous ne craindrez ni les vents glacés ni les vagues qu'ils soulèvent.

Mais la fin du mariage n'est pas seulement de rendre aux époux la vie plus facile et plus douce : son but

principal est de perpétuer, par la re-
production des individus, la grande
famille humaine.

Pères, mères, qui de vous pourroit
exprimer l'inénarrable joie dont vous
tressaillîtes lorsque, pressant sur
vôtre sein le premier fruit de votre
amour, vous vous sentîtes comme
renaître en lui?

De nouveaux devoirs viennent à
ce moment se joindre aux devoirs
primitifs destinés à unir l'époux et
l'épouse. Autrement que deviendroient les foibles créatures qui
tiennent d'eux l'existence? La mère
leur doit son lait et les soins assidus
et le dévouement infatigable d'où
dépend leur conservation dans les
premières années. Le père leur doit,

avec sa tendresse et sa protection vi-
gilante, le pain et le vêtement; il
doit pourvoir à tous leurs besoins
jusqu'à ce qu'ils puissent y pourvoir
eux-mêmes.

Or, comment y pourvoira-t-il s'il
s'abandonne à l'oisiveté, ou si, do-
miné par ses convoitises, il dissipe
pour les satisfaire le produit journa-
lier de son travail?

Celui que l'habitude et la passion
entraînent à de pareils désordres,
qu'est-il sinon le meurtrier des siens?
Savez-vous ce qu'il boit dans ce verre
qui vacille en sa main tremblante
d'ivresse? Il boit les larmes, le sang,
la vie de sa femme et de ses enfants.

Les animaux s'oublient eux-mêmes

pour ne songer qu'à leurs petits : voudriez-vous descendre dans l'abrutissement plus bas que les bêtes des forêts ?

Quand vos enfants auront reçu de
vous la nourriture du corps, ne croyez
pas avoir rempli tous vos devoirs envers eux. Vous avez à en faire des
hommes ; et qu'est-ce que l'homme,
si ce n'est un être moral et intelli-
gent ? Qu'ils apprennent donc de vous
à discerner le bien du mal, à aimer
l'un et à l'accomplir, à fuir l'autre et
à le détester.

Reprenez-les de leurs fautes, mais
sans colère ni violence brutale, avec
une fermeté affectueuse et calme.
Qu'ils ne trouvent, par vos soins,
qu'amertume sur la route du vice.

- Cultivez dès le plus jeune âge et développez en eux les instincts élevés de nòtre nature, sur lesquels se fonde l'existence sociale, le sentiment de la justice et de l'ordre, de la commisération et de la charité.

L'enseignement donné sur les genoux d'une mère et les leçons paternelles, confondues avec les souvenirs pieux et doux du foyer domestique, ne s'effacent jamais de l'âme entièrement.

Et ne vous figurez pas que des discours soient tout : les discours ne sont rien sans l'exemple. Quels que soient vos conseils et vos exhortations, ils demeureront stériles si vos œuvres n'y répondent.

Vos enfants seront tels que vous, corrompus ou vertueux selon que vous serez vous-mêmes vertueux ou corrompus.

Comment seroient-ils probes, compatissants, humains, si vous manquez de probité, si vous êtes sans entrailles pour vos frères ? comment réprimeroient-ils leurs appétits grossiers, s'ils vous voient livrés à l'intempérance? comment conserveroient-ils leur innocence native, si vous ne craignez point de blesser devant eux la pudeur par des actes indécents ou par d'obscènes paroles?

Vous êtes le modèle vivant sur lequel se formera leur nature flexible. Il dépend de vous de faire d'eux ou des hommes ou des brutes.

Et comprenez encore ceci. Nous naissons tous dans l'ignorance, et l'effet de l'ignorance est la misère et l'abaissement. Celui qui ne sait rien, qu'est-il en ce monde et qu'y peut-il être? A quoi est-il propre? Il n'a que ses bras, il n'a qu'un simple instrument matériel, pour lui en partie stérile; car la force physique n'a de valeur que celle qu'elle emprunte de l'intelligence qui la dirige. L'homme ignorant est donc à peu près une pure machine entre les mains de ceux qui l'emploient pour leur intérêt personnel. Or, voudriez-vous que telle fût la condition de vos enfants? voudriez-vous qu'à jamais déchus de la dignité humaine, ils végétassent dans un labeur aveugle et presque sans fruit, semblables au bœuf qui creuse son sillon au profit du maître qui l'excite et le guide ?

Encore, au retour des champs, le bœuf est-il sûr de trouver le couvert et la nourriture; et cette assurance, l'as-tu, pauvre peuple, qui vis chaque jour du travail incertain du jour ?

Vous devez donc à vos enfants l'instruction comme vous leur devez le pain, l'aliment de l'esprit aussi bien que l'aliment du corps. Il est vrai que, dans le triste état de la société présente, ce devoir vous est souvent difficile à remplir. Les nécessités matérielles vous assiégent tellement qu'à peine pouvez-vous avoir une autre pensée; et trop de gens croient de leur intérêt que vous restiez, vous et les vôtres, privés de la lumière à l'aide de laquelle vous parviendriez à vous affranchir de leur dépendance, pour ne pas vous en rendre, autant qu'il est en eux, la source inaccessible.

Cependant votre devoir subsiste dans les limites où il vous est possible de l'accomplir; et avec une volonté ferme peu d'obstacles sont insurmontables. Il y a une grande puissance dans la conscience du devoir.

Pères, mères, tels sont ceux que Dieu vous impose envers vos enfants. Enfants, apprenez aussi quels sont les vôtres envers vos parents; car vous ne serez heureux et bénis qu'en y restant fidèles.

Honorez, aimez le père qui vous a transmis sa vie; la mère qui vous a

nourris dans son sein et alaité de ses
mamelles. Y a-t-il un être plus maudit
que celui qui brise le lien d'amour et
de respect établi par Dieu même
entre lui et ceux desquels il tient le
jour?

Vous êtes à vos parents un grand
sujet de soucis. N'ont-ils pas sans
cesse devant les yeux vos besoins de
toute sorte, et ne faut-il pas qu'ils
fatiguent sans cesse afin d'y subvenir?
Le jour ils travaillent pour vous; et
la nuit encore, pendant que vous re-
posez, souvent ils veillent pour n'a-
voir pas le lendemain à vous répondre,
quand vous leur demanderez du pain:
« Attendez, il n'y en a pas. »

Si vous ne pouvez maintenant par-
tager leur tâche, efforcez-vous au

moins de la leur rendre moins rude par le soin que vous prendrez de leur complaire, et de les aider, selon votre âge, avec une tendresse toute filiale.

— Vous manquez d'expérience et de raison : il est donc nécessaire que vous soyez guidés par leur raison et leur expérience ; et ainsi, selon l'ordre naturel et la volonté de Dieu, vous devez leur obéir, prêter à leurs conseils, à leurs enseignements une oreille docile. Les petits même des animaux n'écoutent-ils par leur père et leur mère, et ne leur obéissent-ils pas à l'instant lorsqu'ils les appellent, ou les reprennent, ou les avertissent de ce qui leur nuiroit? Faites par devoir ce qu'ils font par instinct.

Dieu vous a-t-il donné des frères,

des sœurs : que rien n'altère jamais la paix entre vous ni l'affection que vous vous devez mutuellement. Vous êtes sortis des mêmes entrailles et le même lait vous a nourris : est-il un lien plus fort et plus sacré que celui-là ? Faites en sorte que les années le resserrent toujours davantage. Notre sentier sur la terre est difficile et rude : pour y marcher avec assurance, pour n'y point trébucher à chaque pas, appuyez-vous les uns sur les autres.

Plusieurs se perdent par un choix léger de leurs amis et de leurs compagnons : ne vous liez qu'avec ceux qui marchent dans la route du bien, dont la conduite est irréprochable. Les autres bientôt vous pervertiroient par leurs discours et par leurs exemples; ils flétriroient en vous cette délicate fleur d'innocence qui répand sur le jeune âge comme un doux parfum.

On se laisse aisément aller à ce qui flatte, aux penchants que l'on doit sans cesse combattre et réprimer ; mais après la faute vient l'amer regret et le remords et la peine. Quand vous avez fait le mal, ne sentez-vous pas un secret malaise et une grande tristesse en vous-même? Le désordre engendre la souffrance, et il y a toujours une douleur cachée au fond de chaque joie mauvaise. Le calme, au contraire, la sérénité, l'inaltérable contentement sont le partage de la conscience pure. Elle ressemble au

passereau, qui repose doucement sur
son nid lorsqu'au dehors la tempête
secoue et brise les cimes de la forêt.

Il vient un temps où la vie décline,
où le corps s'affoiblit, les forces s'é-
teignent : enfants, vous devez alors
à vos vieux parents les soins que vous
reçûtes d'eux dans vos premières années. Qui délaisse son père et sa mère
en leurs nécessités, qui demeure sec
et froid à la vue de leurs souffrances
et de leur dénuement, je vous le dis
en vérité, son nom est écrit au Livre
du souverain Juge parmi ceux des
parricides.

Et retenez bien cette dernière parole, vous tous, pères, mères, frères,
sœurs : s'il est sur la terre de vraies
joies, un bonheur réel, ce bonheur,

ces joies se trouvent au sein d'une
famille bien ordonnée, dont le devoir
unit étroitement les membres; car le
bonheur ici-bas ne consiste point
dans la jouissance ininterrompue de
ce que les hommes appellent des
biens, mais dans le mutuel amour,
qui adoucit les maux inséparables de
notre existence présente, et les mélange de je ne sais quelle lointaine
émanation d'une félicité future mys-
térieuse.

XIII

L'état social, naturel à l'homme, établit entre les familles des relations d'où naît un nouvel ordre de devoirs, les devoirs envers la patrie.

La patrie, c'est la commune mère, l'unité dans laquelle se pénètrent et se confondent les individus isolés ; c'est le nom sacré qui exprime la fusion volontaire de tous les intérêts en un seul intérêt, de toutes les vies en une seule vie perpétuellement durable.

Et cette fusion, source féconde d'inépuisables biens, principe d'un progrès continu impossible sans elle; cette fusion dont l'effet est d'accroître indéfiniment la force de conservation et la puissance de développement, l'énergie productive, la sécurité, la prospérité, comment s'opère-t-elle? Par le dévouement de chacun à tous, le sacrifice de soi, par l'amour enfin, qui, étouffant l'abject égoïsme, accomplit la parfaite union des membres du corps social.

Or, vous le savez déjà, la vraie société, fondée sur l'égalité naturelle, n'est par son essence et ne doit être

e fait que l'organisation de la frater-
ité. Toute autre institution poli-
que, quelle qu'en soit la forme,
enferme quelque chose de funeste
t d'illégitime : d'illégitime, car né-
essairement elle viole des droits im-
rescriptibles; de funeste, parce qu'en
s violant elle attaque la base même
e l'ordre, et provoque ainsi des
ttes intestines, des guerres terribles,
ue rien n'empêchera d'éclater tôt ou
rd.

Votre premier devoir envers la pa-
ie est donc de travailler, avec un
le qui jamais ne se lasse, à établir
ans son entière intégrité le grand et
alutaire principe de l'égalité absolue
es droits, d'où émanent toutes les
bertés publiques et privées; de com-

battre sans relâche le privilége jusqu'à ce que vous l'ayez complétemén
vaincu.

Souffrir qu'on porte atteinte à la
seule légitime souveraineté, celle du
peuple, que l'on en suspende l'exercice, que la domination se substitue
à l'association libre, se courber devant un maître, c'est trahir la sainte
cause du droit et de l'humanité, c'est
renier le nom même de patrie. L'é-
table où mangent et dorment les
bêtes de service n'est pas une patrie.

Si, à quelque titre que ce soit, vous
permettez qu'entre les membres essentiellement égaux de la communauté on crée des catégories, des
classes investies de certaines préro-
gatives à l'exclusion du reste du

peuple, vous sanctionnez la crimi-
nelle usurpation de pouvoir en vertu
de laquelle on s'arroge le droit d'établir de semblables catégories, vous
sacrifiez lâchement votre propre droit
et celui de vos frères, vous renoncez
pour eux et pour vous à la qualité
d'homme, vous vous agenouillez, sur
les ruines de la vraie société, aux
pieds de la tyrannie.

Quel est le but de l'association
entre les familles primitivement in-
dépendantes? Une plus forte garantie
de l'égalité et de la liberté, le règne
mieux assuré de la justice, un accroissement de bien-être par l'organisation du travail commun, par le développement de la puissance indéfinie
de connoître et d'agir dont l'Humanité

contient le germe. Or, que faut-il
pour cela? De bonnes lois. Voulez-
vous donc savoir ce que sont les lois,
regardez qui les fait. Si elles sont
faites par quelques-uns, elles le seront uniquement ou presque uniquement pour leur avantage; si par tous,
elles seront faites pour le bien de
tous, selon les principes éternels, les
sympathies élevées et fécondes, les
sacrés intérêts d'où émane l'institution sociale. N'ayez donc point de
repos que tous ne coopèrent à la confection des lois par le choix de ceux
qui font les lois.

Alors vous cesserez d'être exclus de
la gestion des affaires communes,
d'être livrés sans aucune défense à
ceux qui maintenant vous exploitent;

on ne vous chassera plus des assem-
blées où l'on traite de vous, où l'on
délibère sur les choses d'où dépend
votre existence même, comme on
chasse d'une réunion d'hommes un
vil animal qui s'y est introduit furti-
vement; vous ne formerez plus une
caste politiquement proscrite; alors
vous aurez vraiment une patrie.

Et la patrie, au sein de laquelle se
fondent les familles diverses, doit
être dans votre amour au-dessus de
chacune d'elles; sans quoi vous rom-
pez le lien qui les unit toutes, vous
subordonnez le corps entier à l'un de
ses membres, vous détruisez autant
qu'il est en vous la société en la ra-
menant sous l'influence de l'égoïsme,
qui en ébranle la base.

A la patrie donc tout ce que vous êtes et tout ce que vous avez, votre cœur, vos bras, vos veilles, et vos biens et votre vie. Qui hésite à mourir pour elle, celui-là est infâme à jamais.

Toutefois, souvenez-vous bien qu'à la patrie elle-même vous devez préférer l'humanité ; car les peuples ont entre eux les mêmes relations que les familles entre elles, et sont soumis aux mêmes devoirs. Le genre humain est un par essence, et l'ordre parfait n'existera, et les maux qui désolent la terre ne disparoîtront entièrement que lorsque les nations, renversant les funestes barrières qui les séparent, ne formeront plus qu'une grande et unique société.

Le patriotisme exclusif, qui n'est que l'égoïsme des peuples, n'a pas de moins fatales conséquences que l'égoïsme individuel : il isole, il divise les habitants des pays divers, les excite à se nuire au lieu de s'aider ; il est le père de ce monstre horrible et sanglant qu'on appelle la guerre.

Quoi de plus opposé à la nature et à ses lois que le nom d'*étranger*? Ne sommes-nous pas tous frères? et comment le frère seroit-il étranger au frere?

Chaque peuple doit aux autres peuples justice et charité; il doit et respecter leurs droits, et au besoin leur prêter secours, soit pour les défendre si on les attaque, soit pour les reconquérir s'ils en ont été dépouillés. Leurs destinées sont solidaires. Le peuple qui souffre près de soi l'oppression d'un autre peuple creuse la fosse où s'ensevelira sa propre liberté.

Employez donc tous vos efforts pour unir toujours plus les nations entre elles, pour détruire peu à peu les préjugés qui maintiennent leur séparation. Chacune d'elles, suivant son génie, le lieu, le climat qu'elle habite, a sa fonction particulière, que la Providence lui assigne pour le perfectionnement progressif de l'humanité. Loin de lui créer des entraves, toutes la doivent seconder, car elle travaille pour toutes en travaillant pour soi. Aucune ne sauroit se suffire ; elles subsistent et se développent par l'assistance qu'elles se prêtent mutuellement. Il n'est pas vrai, comme le répètent ceux qui les trompent pour les asservir, qu'elles aient des intérêts opposés : ils ne le sont qu'accidentellement, par une suite du désordre apporté dans leurs relations naturelles. Rétablissez ces relations : le bien de l'une est le bien de l'autre, comme, en une famille ordonnée ainsi qu'elle doit l'être, le bien d'un de ses membres est le bien de tous, sa prospérité leur prospérité.

Lorsque les pluies viennent à tomber dans le pays où le Nil prend sa source, le fleuve grossit et monte, et couvre de proche en proche la vallée qu'il féconde. Pour que ses fertiles

eaux arrivent aux terres les plus éloi-
gnées, ne faut-il pas qu'il arrose d'a-
bord celles qui touchent ses rives ?

L'égoïsme subsistera toujours sous
une forme ou une autre forme; le
progrès, arrêté dans toutes ses voies,
ne pourra pas même être conçu, faute
d'un but final, tant qu'au-dessus de
tous les intérêts et de personnes et de
nations on n'aura point placé les
sacrés intérêts de l'humanité entière.
Notre amour, comme notre dévouement, aveugle, caduc, imparfait,
s'égare et défaille à chaque instant
si le genre humain n'en est le terme.
Individus, familles, peuples, qu'est-
ce sinon des parties d'un tout, hors
duquel elles n'ont aucune raison
d'être? Unité dernière et complète, en

laquelle se coordonnent tous les rapports, se concentrent tous lés droits,
s'harmonisent tous les devoirs, il est
l'homme même dans la plénitude de
son être impérissable.

XIV

L'ensemble des devoirs d'où découle la vie, et des vérités qui sont le fondement éternel de ces devoirs, forme ce qu'on appelle la religion, lien non-seulement des hommes entre eux, mais de toutes les créatures entre elles.

Ainsi, nier la religion c'est nier le devoir; et, puisqu'il existe de vrais evoirs, il existe une vraie religion ; t, puisque les devoirs sont par leur ssence invariables et universels, la eligion aussi est par son essence in-ariable et universelle.

Pour remplir les devoirs il faut croire, et par conséquent croire aux érités sur lesquelles ils reposent. La eligion implique donc la foi comme a base première, comme l'indispen-able condition de la vie morale, con-dition elle-même de l'existence de la ociété et du genre humain.

Aussi le genre humain croit-il, en ertu de la nature même, primitive-ment, nécessairement.

Il croit en une Cause suprême, créatrice, infinie ; et le nom de Dieu, le nom trois fois saint du Père de l'univers se retrouve en toute langue humaine.

Il croit à une Providence bienfaisante qui dirige toutes choses, selon les lois de l'éternelle sagesse et de l'amour éternel, à une fin digne du Créateur.

Il croit que cette Providence veille spécialement sur l'homme, l'éclaire, l'instruit, et le guide dans la voie qu'il doit suivre pour accomplir ses grandes et sublimes destinées.

Il croit à l'essentielle distinction du bien et du mal, à la liberté dont jouit l'homme de choisir entre l'un et l'autre, et, suivant le choix qu'il aura fait, à la récompense ou au châtiment inévitable de ses œuvres.

Il croit enfin que, par-delà cette courte et laborieuse existence terrestre, une autre existence plus parfaite s'ouvre devant l'homme, et se prolonge à l'infini dans les profondeurs de la durée éternelle.

Croyez ce que croit le genre humain.

Sans ces croyances, que seroit le devoir? comment le concevroit-on? Le devoir, n'est-ce pas ce qui unit? et qu'est-ce que l'union, si ce n'est la commune tendance vers un centre commun? et ce centre commun de tous les êtres, qu'est-ce sinon l'Être infini rigoureusement un, de qui tout sort, à qui tout revient, qui produit, conserve et vivifie tout? qu'est-ce sinon Dieu?

11

Malheur donc, malheur à l'athée
Dans sa faim, dans sa soif, il appell
l'aliment, le lait qui nourrit toute
les créatures, et, au milieu du vid
ténébreux où il s'est plongé, il ne sai
sit et ne presse que la sèche mamell
de la mort.

Tendre vers Dieu, c'est aspirer
s'unir à lui, et en lui à tous les être
qui tendent également vers lui ; c'es
aspirer au souverain bien, à la sou
veraine perfection ; et travailler dès
lors à se perfectionner sans cesse.

Tel est aussi le fondement de l
doctrine du Christ : « Soyez parfait
« comme votre Père céleste est par
« fait. »

Qu'est-ce à dire ? L'homme peut-i

donc atteindre à l'infinie perfection
de Dieu? Non, mais il doit s'en rapprocher toujours et toujours plus, autant qu'il est en sa puissance. Et
ainsi ses efforts ont un but, et il con-
noît ce but, et sa vie, comme la vie
du genre humain, n'est, selon la loi
qui doit en régler l'emploi, en diriger
le développement, qu'une perpétuelle
ascension vers le principe permanent
de toute vie, une croissance perpétuelle en Dieu.

Nulle union possible sans l'amour;
car l'amour est l'énergie même qui
accomplit l'union. Vous aimerez donc
le Seigneur votre Dieu de tout votre
esprit, de toute votre âme et de toutes
vos forces. Voilà le premier et le plus
grand commandement.

Le second en dérive et lui est semblable : Vous aimerez votre prochain
comme vous-même.

Qui n'aime pas Dieu par-dessus
toutes choses n'aime que soi, car il
n'a plus, ne peut plus avoir d'autre
but, d'autre terme que soi.

Qui n'aime pas le prochain comme
soi-même n'aime pas Dieu et ne sauroit l'aimer, car en Dieu tout se fond
par l'amour dans la parfaite unité de
son être.

Or, aimer Dieu c'est le désirer; et
la prière est le désir de l'âme, le
mouvement qui la porte vers l'objet
qu'elle aime, qu'elle aspire à posséder, qu'elle appelle à soi. Ainsi la
prière, expression de l'amour, en est
inséparable.

Aimer Dieu, c'est encore se donner
lui, se plonger en lui, s'oublier,
n un certain sens, se détacher de
oi-même, pour n'être plus qu'un avec
ui; c'est vouloir ce qu'il veut et uni-
uement ce qu'il veut, par l'entier
acrifice de sa propre volonté en ce
ui ne seroit pas conforme à la sienne;
t ce sacrifice de nous-même, cet acte
ar lequel, reconnoissant et sa sa-
esse, et sa justice, et sa bonté su-
rême, nous protestons intérieure-
nent que nous ne sommes rien et
u'il est tout, forme l'essence du culte
ue lui doivent ses créatures intelli-
entes, l'adoration en esprit et en vé-
ité.

Et l'amour du prochain, n'est-ce
as aussi le dévouement, le sacrifice?

sacrifice volontaire plein d'ineffable.
joies ; car on vit par l'amour en celu
qu'on aime, et cette transfusion de
vie, qui rend toutes les souffrance
communes et tous les biens communs
dilate incessamment notre être, e
tend ainsi à faire de tous les homme,
comme un seul homme, divinisé, er
quelque manière, par son union tou
jours croissante, toujours plus intime
avec Dieu.

Et pour que cette union s'accom-
plisse Dieu lui-même aide l'homme.
et se prodigue à lui par une conti-
nuelle effusion de sa puissance, de sa
lumière et de son amour, qui devien-
nent l'amour, la lumière, la puissance
de l'homme ; car il ne peut rien sans
Dieu.

Ne confondez point la religion, essentiellement une et invariable, avec les diverses formes extérieures qu'elle revêt. Celles-ci, imparfaites, infirmes, vieillissent et passent; œuvre de l'homme, elles meurent comme lui. Le temps use l'enveloppe du principe divin, mais il n'use point le principe divin. Quand le corps dans lequel il s'étoit incarné se dissout et tombe en poussière, il s'en forme lui-même un nouveau plus parfait, dont le précédent contenoit le germe.

Vous êtes nés chrétiens, bénissez-en Dieu. Ou il n'est point de vraie religion, de lien qui unisse les hommes entre eux et avec l'Auteur éternel des choses, ou le christianisme, religion de l'amour, de la fraternité, de l'égalité, d'où dérive le devoir comme le droit, est la vraie religion. Comparez aux autres nations les nations chrétiennes, et voyez ce que lui doit l'humanité : la progressive abolition de l'esclavage et du servage, le développement du sens moral; et l'influence de ce développement sur les mœurs et les lois de plus en plus empreintes d'un esprit de douceur et d'équité inconnu auparavant; les merveilleuses conquêtes de l'homme sur la nature, fruit de la science et des applications de la science; l'accroissement du bien-être public et individuel; en un mot, l'ensemble des biens qui élèvent notre civilisation si fort au-dessus de la civilisation antique et de celle des peuples que l'Évangile n'a point encore éclairés.

A ces biens innombrables se sont sans doute mêlés beaucoup de maux; mais les biens viennent du christianisme, ils en découlent directement; et les maux viennent de ceux qui ont faussé la doctrine du Maître ou violé ses préceptes saints; ils viennent de l'inévitable imperfection des formes externes, soumises à l'action des hommes et aux nécessités des temps; de ce que les premiers, rattachant leurs intérêts terrestres à ces formes variables dépendantes d'eux à divers égards, ils les ont peu à peu identifiées au fond même du christianisme, subordonnant au corps, qui change et périt, l'âme immuable et impérissable.

Je vous le dis, ce désordre ne sauroit désormais durer, il touche à sa fin ; et le christianisme, enseveli sous l'enveloppe matérielle qui le recouvre comme un suaire, reparoîtra dans la splendeur de sa vie perpétuellement jeune.

Séparé de l'œuvre mortelle avec laquelle on l'a confondu, il est la loi première et dernière de l'humanité ; car au-delà de Dieu il n'est rien qu'on puisse proposer pour terme à l'homme ; car nulle autre voie pour aller à Dieu, nul autre moyen de s'unir à lui que l'amour ; car ce grand commandement de l'amour ne sera jamais épuisé ni sur la terre, où il doit former de tous les individus, de toutes les familles, de tous les peuples une seule unité, celle du genre humain ;

ni au ciel, où doit s'accomplir par lui l'union de plus en plus parfaite des créatures et du Créateur.

Et ainsi ce que disoit le Christ est vrai encore, le sera toujours : « Ve- « nez à moi, vous tous qui portez avec « douleur le poids du travail, et je « vous ranimerai. »

Et un jour tous viendront à lui, et ce jour n'est pas loin ; déjà il tressaille dans le sein de l'avenir. Maintenant nous marchons comme à la lueur d'un foible crépuscule : au radieux lever de l'astre, le monde, inondé de sa lumière et sentant renaître en soi, avec l'espérance, et la foi et l'amour, le saluera de ses chants d'allégresse.

XV

Ne l'oubliez jamais, nulle société, nulle vie sans le devoir; et la religion n'est dans ses préceptes que le devoir même, et dans ses doctrines que l'ensemble des vérités qui forment la base immuable, éternelle du devoir.

Celui qui se déclare sans religion se déclare donc en dehors du devoir, en dehors des sentiments, des croyan-

ces unanimes, de l'universel instinct;
il nie l'intelligence et la conscience
humaine, sa nature et les lois de sa
nature; il nie la société, il se nie lui-
même; car sans la société comment
subsisteroit-il? que seroit-il?

Si chaque homme ne devoit rien
aux autres hommes, les autres non
plus ne lui devroient rien. Perpétuellement, radicalement en guerre avec
eux comme avec tous les êtres, il of-
friroit au sein de l'univers l'effrayant
assemblage d'une convoitise illimitée
et d'une impuissance infinie.

Y a-t-il une misère égale à cette
misère?

Le premier fruit du devoir, de
l'exactitude à le remplir, est au con-

traire l'actuelle jouissance d'un bien
au-dessus de tous les biens, le calme
intérieur et la paix et le doux contentement, et cette joie pure qui con-
sole l'âme des traverses de la vie, et
la transporte et la dilate comme en
un monde meilleur.

La vertu est d'abord sa propre récompense, et le vice engendre la punition qui le suit infailliblement. De
combien de soucis, d'inquiétudes, de
maux de toutes sortes n'est-il pas la
source ! Vîtes-vous jamais le méchant
heureux? La richesse, le pouvoir peuvent être son partage ; mais ni le pouvoir ni la richesse ne sont le bonheur ; et si vous saviez quelles plaies
hideuses recouvrent d'ordinaire les
vêtements d'or et de soie, si elles

vous étoient soudain dévoilées, vous reculeriez d'épouvante.

Gardez-vous de juger sur les dehors. Certaines plantes vénéneuses croissent dans la pourriture; souvent elles brillent des plus vives couleurs : ouvrez-les, qu'y a-t-il au dedans? Une poudre infecte et noire.

Dans la société mauvaise et antichrétienne où vous vivez, il ne suffit pas toujours de régler ses actions sur la loi morale pour prospérer. L'obéissance à cette divine loi ne laisse pas néanmoins de porter son fruit immédiat. Jetez les yeux près de vous : regardez cette famille dont tous les membres, fidèles au devoir, ne s'en écartent en aucune chose; où le produit du travail commun, consacré à

pourvoir aux communs besoins, n'est
jamais dissipé en de honteux plaisirs;
où le père ne donne que de bons
exemples; où la femme, occupée des
soins domestiques, dévouée avec tendresse à son mari, à ses enfants, est
pour eux l'objet d'une tendresse et
d'un dévouement semblables. Cette
famille, sans doute, n'est point à l'a-
bri de la pauvreté : qui cependant ne
préféreroit son sort à celui d'une famille plus favorisée de la fortune,
mais en proie au désordre et à l'in-
conduite; où les querelles intestines,
la jalousie, la haine naissent chaque
jour, à chaque heure, de la violation
des devoirs mutuels? On respecte
celle-là, on se sent attiré vers elle
par un sentiment affectueux et doux;
on méprise celle-ci, et on la fuit

comme on fuiroit un reptile immonde.

Oh! qui seroit une seule fois descendu au fond du cœur de l'homme de bien, de l'homme qu'anime l'amour de Dieu et l'amour de ses frères, il y découvriroit de secrètes joies si vives, si pures qu'il prendroit à dégoût toutes les autres joies.

Ainsi le premier effet du devoir est de diminuer les maux de la vie, d'en adoucir l'amertume, et d'y mêler tout un ordre ineffable de jouissances inconnues à ceux que les passions mauvaises dominent ou que l'égoïsme concentre en eux-mêmes. N'y eût-il que ce prix attaché à son accomplissement, ne seroit-il pas assez grand déjà?

Mais le devoir, rempli fidèlement
produit encore un autre effet par le
merveilleux enchaînement des lois
qui constituent l'ordre : il réalise le
droit. Peuple, c'est par lui, uniquement par lui que tu parviendras à
recouvrer ceux dont l'injustice t'a
dépouillé. Qui de vous pourroit lutter seul contre la puissance des oppresseurs? Ils le briseroient comme
un vase d'argile. Pour les vaincre il
est nécessaire que vous soyez unis ;
et quelle union possible si l'amour
n'en est le lien, si, pleinement soumis à la loi du devoir, chacun de vous,
respirant et vivant en ses frères, n'est
prêt à se dévouer, à mourir pour eux?

Vous avez d'abord à reconquérir
votre dignité d'homme, le libre exer-

cice de votre inaliénable souveraineté.
Or, pour cela que faut-il? Une volonté commune et un effort commun,
c'est-à-dire la conscience du droit
d'autrui comme de son droit propre,
la fusion parfaite des intérêts en un
seul intérêt. Autrement ce ne seroit
pas le droit, ce seroit un privilége
qu'on réclameroit, et l'on auroit dès-
lors contre soi et ceux qui repoussent
le privilége et ceux qui déjà jouissent
du privilége.

Si donc vous n'aimez vos frères
comme vous-même, nulle espérance
d'affranchissement; résignez-vous à
servir toujours: vous n'avez à attendre que cela.

Que si chacun de vous, au contraire, aime son frère comme soi-

même, il ne souffrira point qu'on
l'opprime, il lui prêtera en toute cir-
constance aide et secours contre la
force inique, et de l'universelle charité sortira une résistance universelle
à l'oppression.

Lorsqu'on n'attaque que l'injustice, on triomphe tôt ou tard. Afin
de triompher certainement, ne veuillez donc rien que de juste. Respectez
le droit de ceux même qui ont foulé
le vôtre aux pieds. Que la sûreté, la
liberté, la propriété de tous sans ex-
ception vous soient sacrées ; car le
devoir s'étend à tous également. Si
une fois vous violiez le devoir, où
s'arrêteroit cette violation ? Ce n'est
point avec le désordre qu'on remédie
au désordre. De quoi vous accusent

vos ennemis ? De vouloir uniquement substituer votre domination à leur domination, pour en abuser comme ils en abusent ; de nourrir des pensées de vengeance, des projets de tyrannie ; et de là, dans les esprits, une crainte vague dont ils profitent avec adresse pour prolonger votre asservissement.

Dissipez ces fantômes sinistres évoqués par de détestables imposteurs afin d'intimider les hommes simples et bons, et les détourner des voies de l'avenir. Proclamez le devoir en même temps que le droit ; ne les séparez point en vous-mêmes ; qu'ils soient à jamais unis dans votre conscience et dans vos œuvres. Alors s'évanouira le plus grand obstacle à ce que vous désirez et devez désirer.

Vous avez aussi à vous créer dans l'ordre matériel une existence moins précaire, moins dure ; à combattre la faim, à faire en sorte d'assurer à vos femmes et à vos enfants le nécessaire, qui ne manque, parmi toutes les créatures, qu'à l'homme seul. Or, pourquoi vous manque-t-il ? Parce que d'autres absorbent le fruit de votre labeur et s'en engraissent. Et d'où vient ce mal ? De ce que chacun de vous, privé dans son isolement des moyens d'établir et de soutenir une concurrence réelle entre le capital et le travail, est livré sans défense à l'avidité de ceux qui vous exploitent tous. Comment sortirez-vous de cette

funeste dépendance? En vous unissant, en vous associant. Ce qu'un ne
peut pas, dix le peuvent, et mille encore mieux.

Le castor solitaire vit à grande
peine dans le premier trou qu'il rencontre sur la rive du fleuve : associé
à d'autres castors, il bâtit en travers
du courant de vastes et commodes
demeures où ils vivent tous dans l'a-
bondance.

Mais aucune association n'est possible, aucune ne sauroit prospérer si
elle n'a pour base la confiance mutuelle, la probité, la conduite morale
de ses membres, ainsi qu'une sage
économie. L'injustice et la mauvaise
foi, la paresse et l'intempérance la

dissoudroient immédiatement. Au
lieu de produire l'unité d'action, elle
deviendroit une cause permanente de
discordes et d'inimitiés. La pratique
rigoureuse du devoir est donc une
condition indispensable de l'association. Bien plus : le devoir en est le
principe générateur, elle naît de lui
spontanément ; car, en réalité, qu'est-
elle sinon la fraternité même orga-
nisée pour atteindre plus sûrement
et plus pleinement son but ? Celui qui,
n'aimant que soi, ne songe non plus
qu'à soi, avec qui s'associeroit-il ? Et
comment concevoir que ce qui sépare
puisse unir jamais ? Les mots même
sont contradictoires.

Vous direz : Il est vrai, l'association seroit un puissant remède à nos

maux; mais ceux qui profitent de nos maux en souffriront-ils le remède ? Ils jetteront leurs lois entre chacun de nous et ses frères, et tous nos efforts pour nous rapprocher seront vains, et les violences qu'ils provoqueront infailliblement contre nous aggraveront encore notre misère.

Et moi je vous dis : Veuillez seulement, et les lois iniques disparoîtront soudain, et la violence des oppresseurs se brisera contre votre fermeté inflexible et juste. Rien ne résiste à l'union du droit et du devoir.

Souvenez-vous des castors. Vous êtes dispersés sur le bord du fleuve : assemblez-vous, entendez-vous, et

vous aurez bientôt opposé une digue
inébranlable à ses eaux rapides et
profondes.

XVI

Vous connoissez maintenant les vraies lois de l'humanité, les lois d'où dépend son progrès, et par conséquent l'amélioration présente et future de votre sort, du sort du peuple; car, encore une fois, le peuple, que ses maîtres, dans leur orgueil, comptent pour si peu, qu'ils regardent avec tant de dédain, qui n'est à leurs yeux qu'un instrument de leurs convoitises insatiables, un champ qu'on exploite, un animal qu'on selle et qu'on bride pour monter dessus, le peuple c'est le genre humain.

Si vous savez défendre vos droits, si vous accomplissez vos devoirs, cet effrayant désordre cessera. Le genre humain, relevé de sa longue déchéance, ne sera plus la propriété de quelques durs dominateurs, ni la terre leur héritage exclusif. Tous auront part aux biens destinés à tous par la Providence. Les sueurs, la fatigue, la faim, les larmes et les souffrances et les angoisses des uns ne nourriront plus l'opulence des autres, et leur luxe effréné, et leurs passions, et leurs jouissances monstrueuses.

Toutefois, ne vous abusez ni sur le
temps ni sur les choses. Gardez-vous
de rêver l'impossible, ce qui ne peut
être, ce qui ne sera jamais. Loin de
remédier aux maux qui surabondent
en ce monde, vous ne feriez que les
rendre et plus nombreux et plus pe-
sants.

L'égalité parfaite, absolue, non des
droits (celle-ci constitue l'ordre même), mais des positions et des avantages annexés à chaque position, n'est
point dans les lois de la nature, qui
a distribué inégalement ses dons entre les hommes, les forces du corps et
celles de l'esprit. Sans cela, que seroit la société? Comment subsiste-
roit-elle, comment se développeroit-
elle, si la diversité des génies et des

aptitudes ne produisoit comme une
série de destinations correspondantes
aux fonctions qu'elle implique, depuis les plus humbles jusqu'aux plus
élevées? Ceux-ci labourent les champs,
ceux-là cultivent la science, et tous
contribuent à leur manière au bien
commun.

Le mouvement même de la vie sociale oppose un obstacle invincible à
l'égalité des fortunes : établie le matin, le soir elle n'existeroit plus ;
l'industrie plus ou moins intelligente,
plus ou moins active, la bonne ou
mauvaise économie l'auroient déjà
détruite. Et l'on ne doit pas s'en
plaindre ; car ce continuel effort de
chacun, cet instinctif emploi de ses
facultés pour augmenter son propre

bien-être est une des conditions du bien-être général.

Ne pensez pas non plus que votre état si misérable puisse complétement changer tout d'un coup. Ce changement total et subit est, quoi que vous fassiez, impossible. Il impliqueroit une violence telle qu'au lieu de réformer la société, il briseroit les ressorts de la société.

Lorsque vous aurez réussi à donner pour fondement à l'organisation politique l'égalité chrétienne des droits, la régénération voulue de vous, et que Dieu vous commande de vouloir, s'accomplira de soi-même, dans ses trois branches inséparables, l'ordre matériel, l'ordre intellectuel et l'ordre moral.

D'où vient le mal dans l'ordre ma
tériel? Est-ce de l'aisance des uns
Non, mais du dénuement des autres
de ce que, en vertu des lois faites pa
le riche pour l'exclusif intérêt du ri
che, il profite presque seul du travai
du pauvre, de plus en plus stéril
pour lui. De quoi donc s'agit-il? D'as
surer au travail ce qui lui appartien
équitablement dans les produits du
travail même; il s'agit, non de dé
pouiller celui qui possède déjà, mais
de créer une propriété à celui qui
maintenant est privé de toute pro
priété.

Or, comment y parviendra-t-on?
Par deux moyens : l'abolition des lois
de privilége et de monopole; la diffu
sion des capitaux que le crédit mul

tiplie, ou des instruments de travail rendus accessibles à tous.

L'effet de ces deux moyens, combinés avec la puissance incalculable de l'association, seroit de rétablir peu à peu le cours naturel de la richesse, artificiellement concentrée en quelques mains; d'en procurer une distribution plus égale, plus juste, et de l'accroître indéfiniment.

Rien de ce qui doit durer ne se fait qu'à l'aide du temps, par la lente, mais sûre influence de l'énergie organisatrice. Lorsqu'une prairie jaunit et se dessèche parce qu'on a détourné le ruisseau qui l'arrosoit, il faut, pour qu'elle reverdisse, y conduire de nouvelles eaux, qui, répandues sur sa surface, pénétreront au pied de cha-

que brin d'herbe et ranimeront sa vie
languissante.

Le travail affranchi, maître de soi,
seroit maître du monde; car le travail, c'est l'action même de l'humanité accomplissant l'œuvre dont l'a
chargée le Créateur.

Hommes de travail, prenez donc
courage; ne vous manquez point à
vous-mêmes, et Dieu ne vous man-
quera point. Chacun de vos efforts
produira son fruit, amènera dans votre sort une amélioration d'où suc-
cessivement en sortiront d'autres plus
grandes, et de celles-ci d'autres encore, jusqu'au jour où la terre, pleinement renouvelée, sera comme un
champ dont une même famille re-
cueille et partage en paix la moisson.

A mesure que, votre aisance augmentant, vous serez moins absorbés dans les besoins du corps, des besoins d'une autre nature s'éveilleront en vous, et réclameront à leur tour l'aliment propre à les satisfaire. Vous voudrez savoir, et vous le pourrez, parce que ni les secours ni le loisir nécessaires pour cultiver l'esprit, acquérir la science, ne vous manqueront plus. Tous puiseront à la source ouverte à tous l'instruction, qui rendra leur travail plus fécond, et progressivement les introduira dans une sphère supérieure d'existence.

Les occupations relatives aux pures nécessités physiques rabaissent l'homme au rang de l'animal, exclusivement concentré en elles. Or, dans votre situation présente, sur sept jours il en est six uniquement consacrés au corps; à peine le septième vous est-il laissé pour vivre de la vie spirituelle, de la véritable vie de l'homme. Peu à peu, au lieu d'un seul jour vous en aurez deux, vous en aurez trois, et toujours davantage; car la tendance directe du progrès est de spiritualiser de plus en plus l'homme, et de substituer à sa force, dans tous les labeurs matériels, les forces brutes de la nature, soumises à l'empire de son intelligente volonté.

Alors de secrètes puissances, actuellement endormies en vous, y développeront comme un nouvel être, sans cesse agrandi par la connoissance qui se dilatera sans cesse, et avec elle le sentiment de l'art et ses délicates jouissances, et les joies intimes, inépuisables que produit la contemplation du Vrai et du Beau.

A ces deux ordres de perfectionnement matériel et intellectuel s'en joindra un troisième, sans lequel les premiers ne s'effectueroient jamais; car nul perfectionnement qui n'ait sa racine dans le perfectionnement moral; et tous ils s'enchaînent l'un à l'autre et se secondent mutuellement.

Le devoir, devenu plus facile par la diminution des souffrances qui excitent à l'enfreindre, sera chaque jour plus rarement violé. Presque tous les crimes que la loi punit naissent de la faim : ils disparoîtront lorsque les

hommes qu'elle obsède maintenant
seront à l'abri de ses suggestions fatales.

Des saintes maximes d'égalité, de
liberté, de fraternité, immuablement
établies, émanera l'organisation sociale. Les intérêts privés peu à peu
se fondront en un seul intérêt, celui
de tous, parce que, soustraits à l'influence du froid et stérile égoïsme,
tous comprendront, tous sentiront
qu'il n'y a de vie que dans l'amour,
d'apaisement de l'âme que dans le
dévouement qu'il inspire. Semblable
à la colombe qui repose sur son nid,
il pénétrera de sa douce chaleur le
germe divin caché au fond de la nature humaine, et l'on verra éclore
comme un monde nouveau.

Dans ce monde, illuminé de la splendeur du souverain Être, le lien sacré qui opère l'union des créatures et de leur Auteur apparaîtra aux hommes tel qu'il est ; et la Religion, dépouillée des vêtements vieillis qui la recouvrent, du corps infirme usé par les ans où elle gît comme en un tombeau, se remontrera dans sa pureté et sa sainteté éternelle. L'Évangile du Christ, scellé pour un temps, sera ouvert devant les nations, et toutes elles viendront y lire la Loi, y puiser la vie.

A présent, abaissées vers la terre, perdues dans les ténèbres et le vide de ce qui passe, les âmes aspirent à la lumière, au bien immuable, infini ; elles ont soif de Dieu. Sitôt qu'elles auront retrouvé leur voie, elles s'élan-

ceront vers lui d'un impétueux mouvement, ainsi qu'en un désert brûlé
par les feux du midi, des voyageurs
se hâtent vers la fontaine longtemps
désirée qui les abreuvera de ses eaux
limpides.

La société, conçue selon sa vraie
nature, cessera d'être une lutte orga-
nisée entre les intérêts divers. L'inflexible Justice y protégera également
tous les droits. A quel titre le fort dé-
pouilleroit-il le foible des siens, lui
en interdiroit-il l'exercice ? Qu'est-ce
que Dieu a donné à l'un qu'il n'ait
aussi donné à l'autre ? Le commun
Père a-t-il réprouvé quelques-uns de
ses enfants? Vous qui réclamez la jouissance exclusive de ses dons, montrez
le testament qui déshérite vos frères.

L'œil constamment ouvert sur les maux pour les soulager, la charité modifiera profondément les lois. Elles tendront de plus en plus à compenser, par une sollicitude, une assistance spéciale, les désavantages qui résultent inévitablement pour plusieurs soit des inégalités naturelles, soit de certaines circonstances fortuites de naissance ou de position.

Le Fils de l'homme disoit : « Les renards ont leur tanière, les oiseaux du ciel ont leur nid ; mais le Fils de l'homme n'a pas une pierre pour y reposer sa tête. »

On ne punira plus les infortunés qui portent le poids des mêmes destinées que le Fils de l'homme ; on ne leur imputera plus le crime de ceux qui les délaissent.

La législation même, instituée pour la répression des vrais délits, changera de caractère. Un esprit de miséricorde et de douce compassion y remplacera l'esprit de vengeance, l'idée fausse et sanglante d'expiation. On verra dans le criminel un frère égaré qu'on doit plaindre, éclairer, ramener ; un malade que l'on doit s'efforcer de guérir s'il est guérissable, empêcher de nuire aux autres et à soi-même s'il ne l'est pas. L'amélioration du coupable sera le but de la punition. Comment sa souffrance pourroit-elle être une réparation pour la société ?

La vie n'appartient qu'à Dieu, et c'est pourquoi il est écrit : « Vous ne tuerez point. » Quand la loi tue, elle n'inflige pas un châtiment, elle commet un meurtre.

Appelez-vous justice l'acte qui rend infâme celui qui l'accomplit, l'acte qui ravit à un être humain tous ses droits ensemble, et non-seulement ses droits, mais la faculté même de posséder jamais aucun droit ? Lorsque de cet être animé vous avez fait une poignée de cendre, cette cendre, emportée par les vents, sera-t-elle sur la terre où elle tombe une semence de bien, un germe de vertu ?

Qu'importe, au reste ? L'amour domine la justice même, et le propre de l'amour est de se dévouer à celui qu'on aime, de se sacrifier à lui volontairement. Le frère ne dit point à son frère : Donne-moi ta vie; il lui donne la sienne. La peine de mort fut abrogée, il y a dix-huit siècles, sur la croix du Christ.

Le devoir qui unit les individus et les familles unira également les peuples. Les maximes impies qui les divisent, qui fondent leurs relations sur des principes étrangers et souvent contraires à ceux de la morale, les barbares maximes qui les supposent naturellement ennemis les uns des autres seront rejetées avec horreur.

Déjà ils commencent à comprendre que loin d'être opposés, comme le disent ceux qui les trompent pour les diviser et les divisent pour les maîtriser plus sûrement, leurs intérêts sont identiques; déjà un vif instinct

les porte à se rapprocher, à se recon-
noître pour frères. Bientôt ils s'ap-
puieront, s'aideront mutuellement.
Ce qui les séparoit chancelle et crou-
le; les distances même s'effacent.
On entrevoit dans le lointain des
âges l'époque heureuse où le monde
ne formera qu'une même cité régie
par la même loi, la loi de justice et de
charité, d'égalité et de fraternité, religion future de la race humaine tout
entière, qui saluera dans le Christ son
législateur suprême et dernier.

Les maux sans nombre qui dérivent
des vices des gouvernements dimi-
nueront à mesure qu'au principe de
domination, sur lequel ils reposent,
la raison publique, surmontant l'opi-
niâtre résistance des préjugés et des

intérêts, substituera celui de l'association libre, immédiate conséquence
de la souveraineté du peuple, la seule
réelle, la seule qui ait un fondement
solide, inébranlable dans le droit.

Ce changement, certain tôt ou tard,
suffira pour anéantir les causes générales de guerre. Qu'est-ce qui pourroit troubler profondément la paix
lorsqu'il n'y aura plus ni guerres de
conquête, ni guerres de succession,
ni guerres commerciales?

Or les guerres de conquête, funestes aux vainqueurs comme aux vain-
cus, ont constamment pour cause
l'ambition d'un chef insatiable de
pouvoir et de richesses. Que le chef,
quel qu'il soit, au lieu de commander
obéisse au peuple, dont il n'est et ne

ut être légitimement que le simple
andataire : les guerres de conquête,
les désastres et les calamités qu'el-
s traînent après elles, cessent à
nstant même de désoler l'huma-
té; car le peuple qui attaqueroit la
erté d'un autre peuple, ses droits,
n existence, renonceroit à sa pro-
e liberté, à ses propres droits, et se
ndamneroit lui-même à mort.

Les guerres de succession d'où
ennent-elles? que sont-elles? Une
nséquence du droit monstrueux qui
it d'un pays, d'un peuple, la pro-
iété d'une famille, sa possession
réditaire. Ces guerres disparoissent
nc avec le droit qui les engendre.

Des entraves apportées aux com-
unications des peuples entre eux,

à l'expansion de l'industrie et au
lois naturelles qui tendent à établ
partout l'équilibre entre la produ
tion et les besoins, non d'une nation
mais de toutes les nations, de ces e
traves arbitraires, dont le fisc profit
seul aux dépens de la prospérité pu
blique, naissent les guerres commer
ciales, si fréquentes dans les temp
modernes. Elles n'auront plus d
cause possible quand la parfaite li
berté de commerce aura couronné le
autres libertés.

Délivrées du fléau de la guerre,
laquelle succédera d'abord une con
currence transitoire, les nations com
prendront l'intérêt qu'elles ont toute
à coordonner leurs efforts, à organise
leurs travaux, afin de tirer de l'héri

age commun, du patrimoine uni-
ersel tout ce qu'il peut fournir pour
atisfaire les besoins des hommes,
our multiplier leurs jouissances; et
e cet ensemble de travaux dirigés à
a même fin sortira une masse incal-
ulable d'utiles productions, que la
cience, en se développant, augmen-
era sans cesse, tandis que le déve-
oppement moral en déterminera une
lus équitable distribution.

Ainsi peu à peu croîtra le bien-
tre de chacun, étroitement lié au
ien-être de tous; ainsi, de proche
n proche, le mal ira s'affoiblissant,
ar une suite naturelle du progrès
énéral. Sans doute il ne sera jamais
ci - bas détruit entièrement ; sans
oute il y aura toujours des souf-

14

frances sur la terre. Et c'est, ne l'oubliez jamais, que tout ne finit pas sur la terre; que la vie présente, pour le genre humain comme pour l'individu chargés d'accomplir une œuvre laborieuse, mais grande et sainte, n'est qu'une préparation nécessaire à une existence plus parfaite.

Peuple, garde-toi d'incarner tes sublimes espérances dans la boue que tu foules aux pieds. Durant ce court passage, tu n'es entouré que de fantômes, d'ombres vaines : les réalités te sont invisibles, l'œil de chair ne peut les saisir; mais Dieu, qui en a donné l'invincible désir à l'homme, en a mis aussi dans son cœur l'infaillible pressentiment.

Lève les yeux : ici est le travail, là

tâche à remplir ; ailleurs est le repos, la vraie joie, la récompense certaine du devoir accompli jusqu'au bout.

Lorsqu'après les fatigues de la journée, le laboureur voit le soir venir, il rentre en paix dans sa chaumière, songeant à la moisson cachée dans les guérets, que les nuees humecteront de leurs tièdes ondées, que le soleil mûrira ; car il sait que la nuit ne sera point éternelle.

FIN.

OUVRAGES DE M. F. LAMENNAIS.

PAROLES D'UN CROYANT, nouvelle édition populaire tirée à 15,000 exemplaires. . . . . . 75 c.

DE LA SERVITUDE VOLONTAIRE, in-8. 3 f. 50

OUVRAGES DE M. CORMENIN.

LETTRES SUR LA LISTE CIVILE et sur l'apanage, 1 joli volume avec portrait de l'auteur, 22e édition. . . . . 1 fr,

ÉTUDES SUR LES ORATEURS PARLEMENTAIRES, par TIMON. 5e édition. 1 fort vol. de 350 pages, avec huit portraits. . . . . . 2 fr.

DIALOGUES DE MAITRE PIERRE, 2e édition, 2 vol. in-18. . . . . 75 c.

LE MAITRE D'ÉCOLE, 16 pages in-32, avec une jolie vignette. . . . . 1 sou, 3 fr. le cent.

CONTES DEMOCRATIQUES, par ALTAROCHE, 1 vol. de 200 pages. . . . . . 1 fr. 25

CHANSONS POLITIQUES, par le même. 1 vol. de 200 pages. . . . . . . 1 fr. 25

RÉVOLUTION DE 1830, par M. CABET. 3e édition. 2 vol. in-12, 12 sous le vol. . . . 1 fr. 20

LA MÊME édition. 1 très-beau vol. in-8. . . 3 fr.

BIBLIOTHÈQUE DES ARTS ET MÉTIERS. collection de LIVRES à l'usage des industriels, agriculteurs, fabricants et ouvriers. Cette bibliothèque, exécutée sur un nouveau plan, forme 100 volumes in-18, un LIVRE pour chaque profession. Chaque volume se vend séparément. . 1 fr. 50 c., 2 fr. ou 2 fr. 50 c.

Impr. de Mme PORTHMANN, rue du Hasard-Richelieu, 8.

www.ingramcontent.com/pod-product-compliance
Lightning Source LLC
Chambersburg PA
CBHW070607100426
42744CB00006B/420